Maisons-Laffitte

Dans les pas de la mémoire

Passé Simple

Maisons-Laffitte

Dans les pas de la mémoire

Jacques Barreau

ALAN
SUTTON

Editions Alan Sutton
8, rue du Docteur Ramon
37540 Saint-Cyr-sur-Loire

Première édition octobre 2003

ISBN 2-84253-954-0

ISSN 1623-118X
Dépôt légal : octobre 2003
Imprimé en Grande-Bretagne par Midway Colour Print, Wiltshire

Sommaire

A Danièle Barreau

Préface

Qui ne s'est jamais interrogé sur le nom qu'il lisait en levant la tête sur la plaque de rue ? Je n'ai pas honte d'avancer que je me suis souvent posé la question : qui est cet inconnu ?

A chaque fois, j'ai essayé de le savoir en ouvrant un dictionnaire, mais souvent je n'ai pas eu le succès escompté et je suis resté sur ma faim.

Il est vrai que nos rues ne portent pas toutes le nom d'illustres personnalités. Parfois, au fil des années, les célébrités se sont estompées dans la mémoire collective. Mais peuvent-elles pour autant tomber dans un oubli irrémédiable ?

Ne sommes-nous pas d'abord des héritiers d'une longue lignée d'aïeux dont nous sommes directement redevables ?

Les hommes et les femmes forgent, année après année, génération après génération, notre histoire. Apprendre qui ils étaient, ce qu'ils ont fait, c'est les faire revivre, mais c'est bien davantage, c'est donner, par leur exemple, à nos enfants le goût et la passion de continuer l'œuvre de la cité, de la Nation.

Voilà pourquoi j'ai demandé à Jacques Barreau de nous éclairer sur les noms de nos rues.

Jacques Barreau a écrit en un temps record un ouvrage remarquable qui comptera dans l'Histoire de Maisons-Laffitte. Je tiens à l'en remercier très vivement en votre nom à tous.

Jacques Myard
Député-maire de Maisons-Laffitte

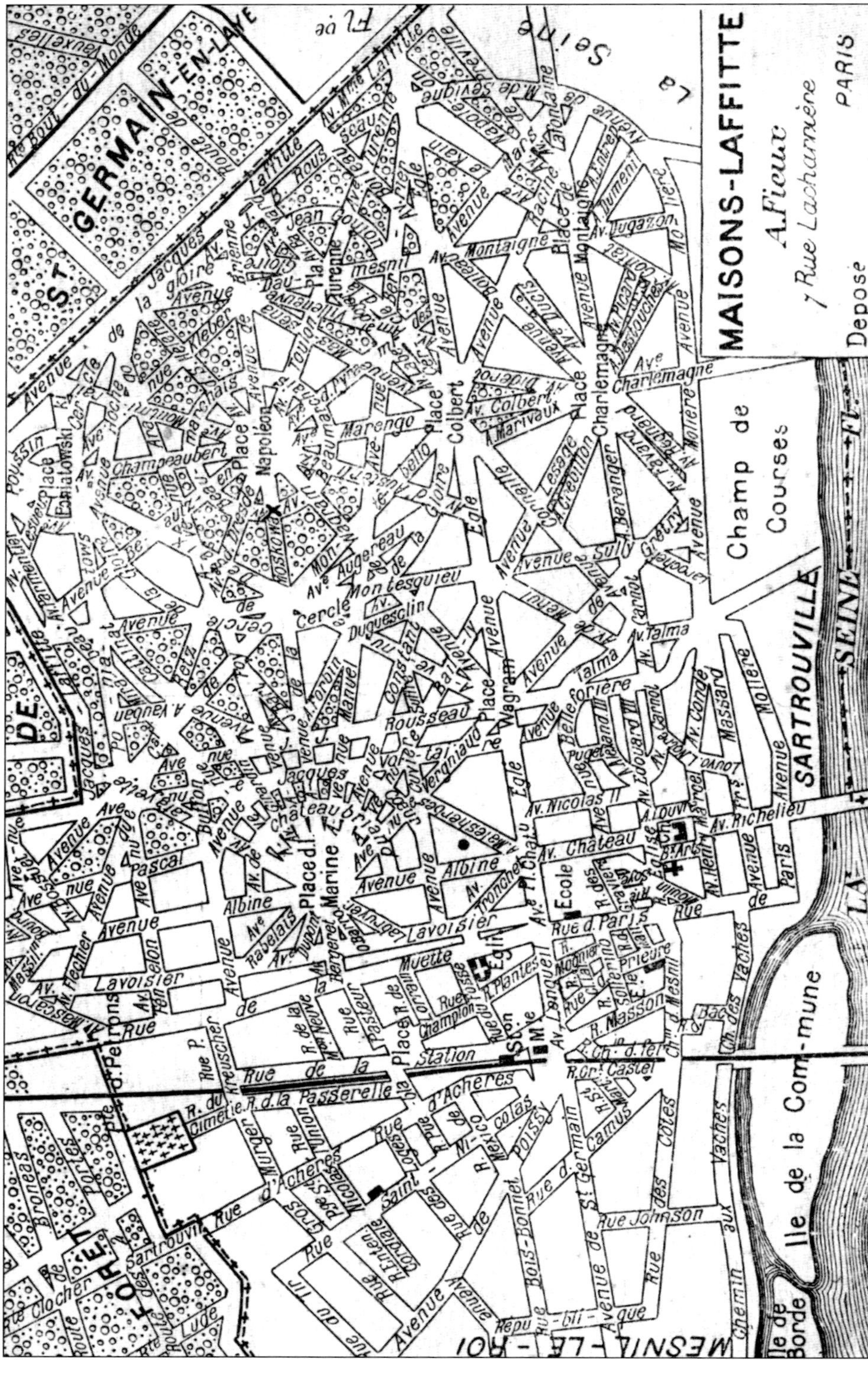

MAISONS-LAFFITTE
A.Fieux
7 Rue Lacharrière
PARIS
Deposé
Champ de Courses
SARTROUVILLE
LA SEINE
Ile de la Com-mune
ST GERMAIN-EN-LAYE
MESNIL-LE-ROI

Introduction

De nos jours, nombreux sont les Mansonniens qui cherchent à connaître l'histoire de leur ville. Cette démarche les amène à s'interroger en premier sur l'ancienneté de leur rue et l'origine de son nom. Puis, la curiosité aidant, ils étendent cet intérêt aux autres rues de leur quartier. Retracer l'histoire des rues de Maisons-Laffitte c'est suivre son urbanisation. Durant un millénaire le village se développe lentement à proximité du château et à l'abri des murs dont les habitants l'entourent. Le bourg ne compte qu'une dizaine de rues dont la rue de l'Eglise, la rue du Château, la rue du Moulin.

A partir de 1834, Jacques Laffitte décide de lotir le parc du château afin de renflouer ses finances. Il trace de nouvelles voies pour créer de nouvelles parcelles et baptise la quasi-totalité des avenues. A cette occasion il rend hommage à Marine, Albine et Eglé, c'est-à-dire à sa femme, sa fille et sa petite-fille. En 1828, il marie sa fille à Napoléon Ney, prince de la Moskova, fils du maréchal Ney fusillé par les royalistes en 1815 pour s'être rallié à Napoléon pendant le vol de l'Aigle. A travers le nom de ses avenues, il rend un vibrant hommage à l'épopée napoléonienne.

L'ouverture de la gare de Maisons en 1843, en même temps que la ligne de chemin de fer Paris-Rouen dont Jacques Laffitte est un des actionnaires, entraîne l'extension du village au détriment des terres agricoles. Un nouveau quartier se développe autour de l'avenue du Chemin de Fer (avenue Longueil). De l'autre côté de la voie ferrée, un autre quartier voit le jour sous le Second Empire. Les rues de Mexico et Puebla rappellent l'époque de leur tracé. Le conseil municipal ouvre, le 4 août 1876, un crédit de 250 francs pour l'acquisition et la pose de plaques indicatrices du nom des rues. Il demande aussi au maire de prendre des renseignements sur ce qui se fait dans le département de Seine-et-Oise pour le numérotage des maisons.

En 1877, le nouveau propriétaire du château, le peintre Vassili Tilmenovitch Grommé, décide de lotir une dizaine d'hectares du Petit Parc. Le plan du lotissement appelé Villa du Château est dressé par un architecte de Neuilly, monsieur Leclère, qui trace de nouvelles voies : avenue du Commerce (Nicolas II), avenue de la Ferme Belleforière)…

Wilhem Grommé et Elisabeth Heyde, cousins germains et héritiers de Grommé, vendent le domaine le 10 mars 1904 à la Société anonyme des terrains du château de Maisons-Laffitte constituée pour l'occasion par Joseph Simondet. Le géomètre Singer, avec le concours des architectes Richter et Thiré, trace un plan du lotissement. Parmi les nouvelles avenues destinées à desservir les parcelles de terrain mises en vente, figurent les avenues de Condé, Louvois, François Mansart…

Le maire soumet au conseil municipal le 20 octobre 1933 un projet de traité présenté par le président de l'Association syndicale de la Villa du Château, en vue de la cession à la ville des avenues qui appartiennent à cette association. Cette cession, autorisée par une délibération de l'Assemblée générale des propriétaires intéressés, en date du 8 juillet, comprend huit avenues, d'une longueur de 2 339 mètres. Elle est consentie moyennant le prix de 1 756 francs à payer par la ville. Le conseil municipal approuve l'acquisition des voies en vue de les incorporer, non dans le domaine public mais dans le domaine privé de la ville.

En 2003, Maisons-Laffitte a atteint les limites possibles de son extension. Je vous invite à mettre vos pas dans la mémoire de ses rues.

LE VILLAGE

Rue de l'Ancienne Mairie

Il s'agit à l'origine d'un bout de la rue des Graviers. A partir de 1837 elle devient la rue de la Mairie. Elle aboutit alors à une vaste parcelle de terrain d'environ un arpent, soit 5 000 mètres carrés, qu'on appelle le Champ, et qui appartient de temps immémorial à la communauté des habitants de Maisons.

Dans un coin de la place, en bordure de la rue du Mesnil, accolé à une maison particulière, se trouve un pressoir construit à une date très ancienne. On l'appelle le pressoir du Pavé, en arrière duquel, au XVIIe siècle, on construit une école. Elle sera transformée en 1752 pour y loger le vicaire. C'est ce bâtiment qui devient la première mairie de Maisons, sous la Révolution. Un document de 1798 précise qu'on y trouve les archives et le corps de garde journalier. En 1837, le conseil municipal fait construire au milieu de la place un bâtiment neuf de 23 mètres sur 7 où une classe de garçons et une classe de filles encadrent une salle de 62 mètres carrés pour le conseil et les mariages. Mais on a vu trop petit. Il faut bientôt installer l'école des filles dans une maison louée rue de Paris et consacrer tout le bâtiment neuf à l'école des garçons. La mairie se réinstalle dans l'ancien bâtiment. La vétusté et l'exiguïté de la mairie obligent à une solution de remplacement. Les premières enquêtes démarrent en 1868. Le conseil municipal décide en 1871 de louer le rez-de-chaussée du pavillon Bocquet (pavillon gauche de l'entrée du parc) appartenant au syndicat du parc, dans l'attente d'une décision définitive. Après de nombreuses péripéties, ce n'est que le 12 juillet 1891 qu'est inaugurée l'actuelle mairie due à l'architecte Dauvergne.

Rue du Bac

Depuis des temps immémoriaux les Maisonnais ont le droit de faire pâturer leurs animaux dans l'île de la commune. Pour cela, ils empruntent la rue aux Vaches qui descend jusqu'au bac exploité par un concessionnaire nommé par le conseil municipal. Il fonctionne du premier dimanche de mai au 15 novembre. La ruelle des Vaches prend le nom de rue du Bac en 1844. En 1876, le conseil municipal décide que la concession accordée pour 15 ans donnera lieu à un droit de passage de 5 francs par an et par tête de bétail. En 1891, la nouvelle concession fixe le prix à 6 francs par tête et par an pour les chevaux et les vaches, 3 francs pour les ânes et les mules et 2 francs pour les chèvres. Le conseil municipal confie au chantier Pitre la construction d'un nouveau bac en 1904.

En septembre 1906, les commerçants manifestent leur mécontentement dans *l'Echo de Seine-et-Oise* au sujet de cette rue : « *Ici, c'est le bouquet - un bouquet qui ne sent pas précisément la rose. Une toute petite ruelle, presque un sentier, parallèle au chemin de la Digue, aboutit à la rue du Bac. Des propriétés qui bordent la ruelle, sortent des tuyaux qui déversent les eaux sales, de la vidange, etc. La rue du Bac n'est plus un chemin, c'est un cloaque immonde qui menace d'asphyxier tous ceux qui l'affrontent.* »

Rue du Champ

Le maire expose au conseil municipal le 8 août 1905 que « *suite à la construction des nouvelles écoles, la place de l'Ancienne Mairie a disparu presque entièrement. Il n'en subsiste plus qu'un bout de rue faisant suite à la rue du Prieuré, ainsi qu'une petite rue contournant l'école des filles. Il propose d'appeler rue du Champ [nom de l'ancien lieu-dit] la nouvelle rue qui règne autour de l'école des filles* ». Cette proposition est adoptée à l'unanimité. La rue du Champ disparaît en 1935 lors de l'agrandissement du groupe scolaire avec la construction dans chaque école d'un nouveau bâtiment de neuf classes.

Rue du Château

Selon l'historien Pierre Dhers, le premier château de Maisons est sans doute, au XIe siècle, un donjon de bois bâti sur le promontoire calcaire qui longe la Seine. D'après les aveux féodaux rendus au roi par le seigneur de Maisons Jean de Gaucourt en 1367 et 1395, il n'y a au XIVe siècle qu'un seul hôtel seigneurial *« joignant au moustier de la ville »*, c'est-à-dire accolé à l'église. A la mort de son fils Jean II de Gaucourt, deux nièces se partagent la seigneurie ; l'une vend sa part à la famille de Longueil qui fait construire un second hôtel perpendiculaire au premier. Il y a ainsi deux seigneurs indivis de Maisons jusqu'au rachat en 1602 de la seconde part par Jean VIII de Longueil.

René de Longueil hérite en 1629 de la terre et de la seigneurie de Maisons. Sa jeune épouse Madeleine Boulenc de Crèvecœur lui apporte par un faisceau d'héritages une fortune considérable. Il décide de se faire bâtir un nouveau château dont la construction s'étend de 1640 à 1646 et en confie la réalisation à François Mansart (voir notice). Le décor sculpté est exécuté par Gilles Guérin, Philippe de Buyster et Gérard Van Opstal d'après des dessins de Jacques Sarrazin. Le décor peint est réalisé par Michel I Corneille. Le pavillon des écuries de l'avant-cour est achevé en 1650. Jules Hardouin Mansart travaille sur le portail en 1658, au côté de son grand-oncle. Le château a par la suite comme propriétaires : le comte d'Artois de 1777 à 1792, le maréchal Lannes de 1804 à 1809, le banquier Laffitte de 1818 à 1844, l'assureur Thomas de Colmar de 1850 à 1870. Après son acquisition en 1877 par le peintre Vassili Tilmanovitch Grommé, le château voit ses fossés antérieurs comblés, sa cour réduite et fermée d'une grille provenant du château de Mailly. Une dizaine d'hectares du petit parc est lotie. Le plan du lotissement appelé Villa du Château est dressé par un architecte de Neuilly, monsieur Leclère. Grommé décède en 1900. Ses cousins germains et héritiers Wilhem Grommé et Elisabeth Heyde vendent le domaine le 10 mars 1904 à la Société anonyme des terrains du château de Maisons-Laffitte constituée pour l'occasion par Joseph Simondet. Le géomètre Singer, avec le concours des architectes Richter et Thiré, trace le plan d'un nouveau lotissement. Après une campagne de presse lancée par le journaliste André Hallays et le président de l'Association syndicale du parc Jules Engrand, le directeur des Beaux-Arts Henry Marcel signe le 12 janvier 1905, pour le compte de l'Etat, le rachat du château et d'une parcelle de 9 653 mètres carrés pour la somme de 200 000 francs. Le château est ainsi sauvé *in extremis* de la démolition.

Rue de la Digue

L'ancien chemin des Petits Prés appelé ensuite chemin aux Vaches traversait le lieu-dit le Trou à la Renarde que la Seine inondait lors de ses crues. Pour que Maisons reste accessible à tout moment, Longueil fait construire une chaussée surélevée de quelques mètres.

Rue (ruelle, impasse) des Graviers

Nom d'un ancien lieu-dit, la rue des Graviers est déjà signalée dans l'aveu féodal de 1540. Elle aboutissait à la place du Champ (actuel groupe scolaire du Prieuré) par le tronçon qui s'appelle aujourd'hui rue de l'Ancienne Mairie. Elle est ouverte sur l'avenue du Général Leclerc fin 1985 afin de désenclaver le quartier.

Impasse de la Huchette

La huchette est un diminutif de la huche, grand coffre en bois qui sert à pétrir ou conserver le pain.

Rue du Mesnil

Il s'agissait autrefois de la Grande rue du village. Celle-ci englobait la rue de l'Eglise, suivait le rebord de la crête qui domine la Seine et se prolongeait par le chemin des Côtes vers le Mesnil.

Rue du Moulin

Pour alimenter en eau son futur château, René de Longueil fait construire, en 1634, un moulin qui sera amélioré en 1684 par Samuel Morland. Le moulin est construit sur la terre ferme, puis le bras de Seine est dévié afin de passer entre les culées. Le bâtiment mesure 28 mètres sur 16 et a une hauteur de 24 mètres. Le moulin a deux fonctions : faire monter l'eau pour l'amener au réservoir situé près de l'église et moudre le grain. Entre les piles de pierre se trouvent les deux roues de 7,5 mètres de diamètre, composées chacune de huit grandes ailes. Les roues peuvent être réglées suivant la hauteur de la Seine, d'où le nom de « moulin pendant ».

Jusqu'en 1834, la machine hydraulique du moulin alimente le château et ses dépendances et fournit l'eau aux Maisonnais grâce à la fontaine accolée au mur du réservoir.

Après la construction du barrage d'Andrésy en 1846 et sa surélévation en 1856, la machine hydraulique n'alimente plus le réservoir que cent trente et un jours par an. Une machine à vapeur supplée à sa défaillance. En 1887, le conseil municipal décide de la démolition du moulin. Les trois culées, seuls vestiges du moulin, sont inscrites en 1974 à l'Inventaire supplémentaire des Monuments historiques.

Rue de Paris

Le conseil municipal, dans sa délibération du 18 février 1844, donne le nom de rue de Paris à la route départementale n° 47 dans sa traversée du village, c'est-à-dire depuis le pont jusqu'à l'avenue Laffitte (aujourd'hui avenue Longueil).

Rue du Prieuré

Par une charte de 1087, confirmée ou complétée en 1162 et 1203, Geoffroy 1er, fils de Nivard de Septeuil, premier seigneur de Maisons, donne l'église, la dîme, des terres et des vignes à l'abbaye de Coulombs. L'abbé de Coulombs délègue à Maisons un moine chargé d'assurer le service divin et de gérer les biens.

Primitivement, le bâtiment du prieuré est situé près de l'église dédiée à saint Nicolas, à l'emplacement du centre Ianchelevici. Il est placé sous l'invocation de saint Germain. Ayant besoin des jardins du prieuré pour tracer son parc, René de Longueil l'acquiert le 23 juin 1645 et donne en échange une maison située rue du Mesnil qu'il avait achetée à Charles Bertin le 26 avril 1644. Le contrat est passé avec le prieur Pierre Renaud après avoir été approuvé par l'évêque de Chartres et par le roi Louis XIV, et après avoir été enregistré au Parlement. Les bâtiments de l'ancien prieuré ne sont pas démolis, la maison de gardien du centre Ianchelevici en est un vestige. Ils accueillent alors les deux sœurs de la Charité qui assurent les soins des malades et l'instruction des filles. Transformé peu avant la Révolution par le dernier prieur, Jean-Etienne Barat de Villiers, il est vendu comme bien national le 6 décembre 1791 pour 12 400 livres à un négociant parisien, Jean Lacoste. Par la suite il change souvent de mains. Les deux tourelles qui l'encadrent paraissent être de construction assez récente car elles ne figurent pas sur le cadastre de 1823. (Source : Pierre-Yves Louis.)

L'impasse des Graviers, qui bute alors sur la cour commune du Clos Lainé, est transformée en rue lors du percement de la rue Solférino, en 1859. Le conseil municipal lui donne le nom de rue du Prieuré en 1863. Le maire expose au conseil municipal, le 8 août 1905, que : « *Suite à la construction des nouvelles écoles, la place de l'Ancienne Mairie a disparu presque entièrement. Il n'en subsiste plus qu'un bout de rue, faisant suite à la rue du Prieuré, ainsi qu'une petite rue contournant l'école des filles. Il propose d'appliquer le nom de rue du Prieuré au prolongement de cette rue jusqu'à la rue du Mesnil.* » Cette proposition est adoptée à l'unanimité.

Rue Soyecourt

Maisons-Laffitte. — *La vieille Ville* — *Rue Soyecourt*

Louis-Armand de Seiglières est né le 29 janvier 1722. Il est le fils de Joachim-Adolphe de Seiglières et de Pauline-Corisante du Pas de Feuquières. Il est également le petit-fils de la marquise de Belleforière qui lui lègue le domaine de Maisons lors de son mariage en 1736 avec Marie-Anne-Paule de Beauvillier. Il devient marquis de Soyecourt (prononcer Saucourt) en 1736. Il est successivement lieutenant en deuxième au régiment d'infanterie du roi, mestre de camp en 1742 à la tête du régiment de cavalerie Dauphin Etranger, brigadier en 1748, puis maréchal de camp en 1759. Après la mort de sa première épouse en 1743, il se remarie en 1748 avec Marie-Eléonore Auguste de Béthune. De nouveau veuf en 1758, il épouse en 1783 Wilhelmine-Henriette de Nassau-Saarbruck. Le marquis de Soyecourt vend le 25 février 1777, par acte sous seings privés, le domaine de Maisons au comte d'Artois, moyennant la somme de 2 300 000 livres. Il décède le 5 septembre 1791.

Maisons-Laffitte, — *La vieille Ville* — *Passage du tripot*

Passage du Tripot

Le tripot est au départ un enclos réservé au jeu de paume. Apparu à la fin du XIIe siècle, le mot vient probablement de l'ancien français *treper*, *tripper* qui signifie frapper du pied, sauter (*Petit Robert*). Le tripot se trouve généralement à côté d'une taverne où on parie sur les jeux (de paume). Par extension, le terme sera assimilé à une maison de jeu.

Rue (ruelle) de la Vieille Eglise

Elle constituait autrefois avec la rue du Mesnil la Grande rue du village. Les premiers seigneurs de Maisons font construire une église dédiée à saint Nicolas. Vers 1087, Geoffroy 1er donne l'église de Maisons à l'abbaye de Coulombs située en pays chartrain. Celle-ci installe à proximité un prieuré bénédictin sous le vocable de Saint-Germain. L'abbé, dit curé primitif, envoie sur place un vicaire qui dirige la paroisse. Jusqu'en 1789, la charge des âmes est confiée à un curé présenté par les abbés de Coulombs et rétribué par le prieur en titre. En 1630, monsieur Vincent, futur saint Vincent de Paul, vient prêcher à Maisons. Il érige une charité pour le soulagement des pauvres. Les deux sœurs qui assurent les soins des malades et l'instruction des filles sont hébergées dans le bâtiment du prieuré, le prieur ayant été transféré en 1644 rue du Mesnil. Il y a alors à Maisons deux confréries, celle du Très Saint Sacrement et celle de la Très Sainte Vierge.

Le clocher de l'église de style roman est sans doute du XIIe siècle. A la fin de la guerre de Cent Ans, le village et l'église sont incendiés par les Anglais. La nef est reconstruite et agrandie d'un bas-côté dont le style est caractéristique du XVe siècle. La chaire et le banc d'œuvre sont construits en 1749 par Louis d'Ennebecq.

Grâce au manuscrit d'un érudit, dépouillé par Pierre-Yves Louis à la Bibliothèque nationale, nous avons une description de l'église Saint-Nicolas dans la première moitié du XIXe siècle. Ce visiteur qui vient deux fois à Maisons, le 15 août 1838 et le 1er septembre 1844, laisse le compte rendu suivant : « *L'église paraît dédiée à la Vierge dont la statue en pierre peinte, sculptée au XVIIIe siècle, est placée au-dessus de la porte (...). L'intérieur se compose d'une nef accompagnée seulement, au midi, d'un collatéral avec lequel elle communique par trois arceaux en ogive, portés par des piliers ronds, dépourvus de chapiteaux. La nef est voûtée en bois avec poutrelles apparentes. Le collatéral l'est en pierre avec*

Maisons-Laffitte. — *Rue de l'Eglise*

nervures prismatiques croisées qui reposent, du côté du mur, sur des consoles sculptées d'anges, d'écussons et de figures grotesques. L'architecture du collatéral accuse un XVe siècle avancé.

Il reste aux deux fenêtres qui éclairent la nef, au nord, quelques débris de vitraux du commencement du XVIe siècle, entre autres une Vierge couronnée qui porte l'enfant et un saint Nicolas. Ce saint paraît partager avec la Vierge le patronage de la paroisse ; il figure sur la bannière. Pour passer de la nef au chœur, on traverse une travée qui se trouve comprise dans le clocher ; elle est voûtée en pierre et munie de deux arcs doubleaux en ogive. La présence de la base du clocher amène ici un rétrécissement considérable. Le chœur et le sanctuaire long de deux travées, sans collatéraux, sont voûtés en bois avec poutrelles apparentes. Le maître autel s'adosse à un retable, dans le style du XVIIe siècle, décoré de termes à têtes d'ange, d'une figure de saint Nicolas, de celle d'un autre saint [saint Germain] et d'un tableau passable représentant la Descente de Croix.

Au pied des marches de l'autel, se trouve une grande dalle, fort oblitérée, sur laquelle se voyaient quelques vestiges d'une effigie de femme qui avait la face et les mains en marbre. J'avais vu en 1838, dans le même pavé, une tombe en marbre noir que je n'ai pas retrouvée en 1844. La nef est carrelée.

Parmi les stalles du chœur, il y en a deux dont la sculpture accuse le XVIIe siècle.

Depuis 1838, on a supprimé plusieurs jolis fragments d'une boiserie du XVe siècle qui était appliquée aux bancs des paroissiens ; ces bancs sont remplacés par des chaises.

Une petite clôture en bois, à hauteur d'appui, travaillée à jour dans le goût du XVIIe siècle, entoure l'autel de la Vierge, érigé au fond du collatéral.

La cuve baptismale est un bassin cannelé en pierre (XVIIe siècle) à côté de la chaire qui est adossée au mur septentrional. Deux inscriptions gravées sur marbre noir rappellent les pieuses fondations faites en 1621 et 1625 par Simon Barbier, curé de Maisons et chapelain du Roy en sa chapelle Sainte-Anne à Mantes. (...)

Il donna un calice aux cordeliers de Pontoise, sa ville natale, moyennant une messe annuelle, et fonda en l'église de Maisons les vêpres des Morts pour le jour de la Toussaint après souper. L'effigie du fondateur est gravée au trait, en très petites proportions, sur une des plaques de marbre ; il prie devant un crucifix.

En 1838, on voyait auprès de la porte un écusson, effacé depuis, écartelé aux 1 et 3 de trois chevrons, aux 2 et 4 de deux bars adossés. En dehors de la porte se trouve un bénitier en forme de conque, placé sous un auvent, et l'épitaphe sur marbre blanc de très haute et puissante dame Marie Lady Caryll dont le corps avait été inhumé là, en dépôt. »

Lorsque les habitants rédigent en 1789 leur cahier de doléances, ils se plaignent que : « *L'église paroissiale tombe de vétusté. Qu'elle est beaucoup trop petite pour le nombre d'habitants et qu'il est indispensable de la reconstruire.* » Il faut pourtant attendre 1864 pour que, sur l'initiative du curé Placet, soit entreprise la construction d'une nouvelle église au coin de la rue du Fossé et de la rue de la Muette. Bien que n'ayant pas encore de clocher ni de sacristie par manque de ressources, la nouvelle église est ouverte au culte le 14 juillet 1872. A la demande d'un certain nombre d'habitants, une messe basse continue à être célébrée dans la vieille église les dimanches et les jours de fête d'obligation, jusqu'à sa désaffectation en 1897. Elle sert alors à entreposer la pompe à bras des pompiers. Elle est toutefois inscrite à l'Inventaire des Monuments historiques le 28 septembre 1926. Puis elle devient en 1957 salle de conférences et de concert. Des fissures étant apparues, le maire en interdit l'accès au public par mesure de sécurité en 1969. Le 20 mars 1972, elle est enfin classée Monument historique. Les travaux de restauration durent de 1975 à 1988 et l'inauguration de la nouvelle salle de spectacle et de concert a lieu le 20 octobre 1988.

Le conseil municipal décide, le 4 octobre 1985, de dénommer la rue de l'Eglise rue de la Vieille Eglise.

Place de la Vieille Eglise

Elle occupe l'emplacement du cimetière primitif de Maisons qui, comme dans la plupart des villages de France, se trouvait devant l'église. Il sert jusqu'en 1828, date à laquelle un nouveau cimetière est ouvert à l'angle de la rue du Fossé et de la rue de la Muette, là où se trouve l'actuelle église Saint-Nicolas.

Bélanger, architecte du comte d'Artois, fait construire la fontaine en 1779 par le maître maçon Roche. Elle est alors adossée au mur du cimetière. De style Louis XVI, elle est coiffée d'un dôme orné d'une pomme de pin.

A la suite de la loi du 22 avril 1905 sur les bouilleurs de cru, le conseil municipal désigne la place de la Vieille Eglise comme emplacement officiel pour la distillation.

Allée des Vignerons

Le conseil municipal décide le 19 juillet 1995 de dénommer rue des Vignerons la nouvelle voie qui passe derrière la villa des Arts, pour déboucher rue de Paris, en souvenir du passé vinicole de Maisons.

Le plus ancien document où apparaît pour la première fois le nom de notre commune est le *Polyptique d'Irminon*. C'est un inventaire des biens de l'abbaye de Saint-Germain-des-Prés, dressé vers 820 par l'abbé Irminon. On y apprend que le manse seigneurial de la « *Villa Mansionis* » comprend à Maisons (*in Mansionibus*) « *une habitation et d'autres constructions en quantité suffisante. Il y a là en vignes anciennes 46 arpents (1 arpent : 12 ares et demi) et en nouveau plant 4 arpents que planta l'abbé Irminon. On peut y récolter cent muids de vin (1 muid : 52,20 litres)* ». Avec six hectares, la vigne ne couvre alors que 2 % de la superficie du manse seigneurial (301 hectares) dont la plus grande partie est consacrée à la culture des céréales. Le rendement est médiocre : de 8 à 9 hectolitres à l'hectare. Le vin sert à la consommation locale et à la célébration de la messe.

En 1540, d'après l'aveu (engagement du seigneur envers le roi), il y a à Maisons 43 exploitations de moins d'un hectare, 43 de 1 à 10 hectares, 17 de plus de 10 hectares, la plus grande faisant 29 hectares. On y trouve 315 hectares de terres labourables, 15 hectares de prés et 19 hectares de vignes qui occupent 6 % des terres cultivées. Le pressoir se trouve alors dans l'enceinte du château. Les habitants doivent verser chaque année seize sols parisis de cens et de rente au seigneur et pressurer gratuitement son vin. La déclaration du syndic de 1618 nous décrit « *la place où l'on a fait bâtir un pressoir neuf (...) et pour ce, doivent [les habitants] par chacun an, le dit jour de la Saint-Rémy, deux sols deux deniers* ».

D'après le recensement du curé Chalines, Maisons possède, en 1759, 107 exploitants agricoles dont 104 sont aussi vignerons. Au XVIIIe siècle il y a quatre pressoirs : le pressoir de l'école, celui du pavé, le pressoir neuf et le petit pressoir. Leur location est adjugée à la fin septembre sous la présidence du prévôt. On connaît alors l'importance de la récolte et, donc, le profit que peuvent escompter les preneurs. Les prix varient donc d'une année à l'autre. La recette moyenne tirée des pressoirs, quand les quatre sont en état de servir, est de 230 livres par an. Les meilleures années sont 1739, 1740 (358 livres), 1743 (443 livres 5 sols), 1773 (335 livres), 1781 (375 livres) et 1782. La recette tombe souvent entre 100 et 160 livres : 1757, 1761, 1762, 1764 et suivantes, 1777, 1780 et 1789. Ces pressoirs sont eux-mêmes une grosse source de dépenses. Il faut les entretenir, les réparer : 300 livres en moyenne chaque année mais 786 livres en 1743, 630 en 1748 et 673 en 1749. Certaines années, on ne peut en louer que deux ou trois, les autres étant inutilisables.

En 1784, un état des paroisses dressé pour l'établissement de la taille attribue à Maisons-sur-Seine 138,2 hectares de terres exploitées dont 74,5 hectares en labours, 58,6 hectares en vignes et 5,1 hectares en prés et pâturages. La vigne représente alors 40 % des terres cultivées et on peut s'étonner de son importance. En effet, la vente de vin constitue alors la principale rentrée d'argent frais. Dans les registres paroissiaux, la plupart des paysans de Maisons figurent comme vignerons. Les plus modestes paysans, dit Pierre Goubert, même s'ils ne s'occupent que d'un rang de ceps, tiennent à ce titre de « Vignerons » qui leur confère une sorte de distinction. Le vigneron pratique la polyculture, il bêche son jardin et laboure son champ. Malheureusement, les orages réduisent souvent à néant son travail. Le vignoble maisonnais est ravagé par la grêle en 1776 puis en 1784.

En 1789, dans l'article 1 de leur cahier de doléances, les habitants de Maisons « *supplient les Etats généraux d'asseoir un impôt unique sur tous les vins de France, en observant néanmoins l'énorme différence qui peut se rencontrer dans la qualité de ces vins, différence qui doit nécessairement en entraîner une autre dans la répartition de l'impôt, lequel une fois prélevé, il sera libre à tout propriétaire de vignes de disposer de son vin selon qu'il le jugera à propos, sans qu'il puisse être inquiété par les recherches vexatoires en tous genres des commis préposés par la ferme, pour la perception d'une foule de droits aussi absurdes qu'injustes* ». L'article 6 nous apprend « *que la grêle du 13 juillet a ruiné pour plusieurs années par le dommage causé aux vignes, leur principale propriété, [les] habitants, dont la plupart d'ailleurs sont réduits à un nécessaire si strict qu'on est forcé d'en assister, au moins la moitié dans les années ordinaires, et plus que les trois quarts dans les temps rigoureux* ».

Dans la première moitié du XIXe siècle, la viticulture régresse rapidement : 15 hectares en 1823, 8 hectares en 1837, 4 hectares en 1859, et entraîne la quasi-disparition du qualificatif de vigneron dans les registres officiels. Au recensement communal de 1817, on dénombre encore 72 hommes et femmes qui se déclarent vignerons sur une population de 794 habitants. En 1851, on constate une disparition totale et définitive de cette catégorie.

LE PARC

Laffitte, sa famille, ses amis

Avenue Albine

L'allée du Roi tracée par François Mansart en 1643 est bordée d'une double rangée d'ormes. Elle traverse des vignes que René de Longueil rachète en 1647 pour les faire arracher et remplacer par des chênes et des châtaigniers. Elle conduit de l'entrée royale (les Caves du Nord) jusqu'au château.

C'est Jacques Laffitte qui, lors du lotissement de son parc en 1833, choisit le nom des avenues. L'allée Royale devient l'avenue Albine, prénom de sa fille. Née en 1803, elle épouse le 26 janvier 1828 en l'église Saint-Roch à Paris Napoléon Joseph Ney, prince de la Moskova et fils aîné du maréchal Ney. Trois mille invités se pressent au mariage, protégés par deux cents gendarmes. La mariée apporte en dot cent mille livres de rente et un capital de vingt-cinq millions de francs. Dans ses mémoires, de Castellane dit d'elle : *« Mademoiselle Laffitte est capricieuse et extravagante ; ses parents dont elle est l'idole lui ont passé toutes ses fantaisies ; dernièrement elle voulait qu'on sablât en sucre les allées de son jardin… J'ai été à la réception du dimanche du président Laffitte, qui est enchanté d'être Premier ministre ; il y avait foule. Madame Laffitte est fort polie ; pour sa fille, la princesse de la Moskova, elle est imbécile. On m'avait averti qu'elle ne rendait pas le salut ; je lui ai fait la révérence, mais j'ai échoué comme les autres… Mademoiselle Laffitte a rompu plusieurs mariages ; au moment de signer pour celui-ci (la Moskova) à la municipalité, elle a fait de telles façons qu'on a vu l'instant où elle allait envoyer promener son futur. »* De leur union naît en 1832 une fille prénommée Eglé et, en 1837, un garçon prénommé Michel qui meurt à l'âge de 15 ans. Albine décède en 1881, 24 ans après son époux.

Avenue Arago

Etienne Arago, né en 1802 à Perpignan, est un littérateur et un homme politique français. Il est le dernier frère survivant de l'illustre astronome François Arago. Il écrit des poèmes, des chansons et surtout des vaudevilles et prend la direction du théâtre du Vaudeville à Paris. Son œuvre principale est une comédie, *Les Aristocraties*. Sous la Restauration, il est rédacteur de *la Lorgnette* et de l'ancien *Figaro* et participe à la fondation de *la Réforme*. Dès l'âge de vingt ans il entre en politique. Il est, avec La Fayette, l'un des principaux acteurs du mouvement insurrectionnel pendant la révolution de 1830. En 1848, il s'empare de la direction des Postes et crée le timbre poste. En opposition avec Louis Napoléon Bonaparte, il est déporté en 1849 et ne rentre en France qu'en 1859. En 1870, il s'oppose à la régence de l'impératrice Eugénie : le peuple l'acclame et en fait son maire, maire bien passager puisqu'il démissionne le 15 novembre. Il devient conservateur du musée du Luxembourg. Il décède à Paris en 1892.

Avenue Odilon Barrot

Fils d'un député à la Convention, né à Villefort (Lozère) en 1791, Odilon Barrot est nommé en 1814 avocat aux conseils du roi et à la Cour de cassation. Favorable aux Bourbons, il vote contre le rétablissement de l'Empire. La Restauration le déçoit. Il rentre dans l'opposition et se trouve au premier rang du parti libéral au côté de La Fayette ; il devient le président de la société démocrate Aide-Toi, le Ciel t'Aidera. Nommé préfet de la Seine dès l'avènement de Louis-Philippe, il sera élu député de l'Eure peu de temps après. A la Chambre, Barrot défend Jacques Laffitte et dirige la « gauche dynastique ». En désaccord avec Guizot, il démissionne de son poste de préfet en 1831. Il fonde avec La Fayette, le 19 février 1832, la loge des Trois Jours dont le vénérable maître est Jacques Laffitte. L'engagement politique de cette loge oblige le suprême conseil de France à signer l'arrêté de sa dissolution le 29 avril 1832. Convaincu de l'urgence de la réforme électorale, Barrot entreprend la campagne des banquets réformistes et provoque la révolution de 1848. Louis Napoléon Bonaparte élu, il est nommé ministre de la Justice en décembre 1848, mais la dégradation de ses relations avec le prince-président l'oblige à démissionner. A la chute de l'Empire, Thiers le nomme vice-président du Conseil d'Etat.

Parallèlement à sa vie politique, il publie sous l'Empire quelques brochures : *De la centralisation et de ses effets* (1861), *De l'organisation judiciaire en France* (1872). Odilon Barrot décède à Bougival le 6 août 1873.

Avenue Béranger

C'est, au début du XVIIe siècle, une portion de « la route qui va à Saint-Sébastien », lieu-dit près de Fromainville.

Le chansonnier Pierre-Jean de Béranger est né à Paris le 19 août 1780. Il publie son premier recueil de chansons en 1815. Lors de la publication du deuxième recueil en 1821, il est destitué de son poste d'expéditionnaire dans les bureaux de l'université de Paris. Il est traduit en cour d'assises et condamné à trois mois de prison. Ami de Jacques Laffitte, il séjourne au château où Manuel meurt dans ses bras le 20 août 1827. Il ne garde pas un très bon souvenir de son passage à Maisons. Dans son ouvrage posthume, *Ma biographie*, il écrit : *« je n'ai pas oublié que, dans cette demeure royale, où cependant on montre la chambre où Voltaire a longtemps habité, je n'ai jamais pu faire un seul couplet. Je ne suis pas né pour les châteaux, c'est peut-être ce qui me rend injuste pour Mansart, qu'en faveur des mansardes je devrais pourtant aimer beaucoup. »* Le quatrième recueil de chansons, en 1828, le ramène devant les tribunaux. Il écope de neuf mois de prison et de onze mille deux cent cinquante francs d'amende pour outrage à la personne du roi et à la famille royale. Proche des chefs du parti libéral, il contribue à la chute des Bourbons par son influence sur la jeunesse. Elu député malgré lui en 1848, il démissionne aussitôt. Il décède à l'âge de 77 ans, le 16 juillet 1857.

Avenue Bergeret

L'amiral Jacques Bergeret est comme Jacques Laffitte natif de Bayonne, où il voit le jour le 15 mai 1771. Dès l'âge de douze ans, il embarque comme mousse sur un navire de commerce. Après avoir quitté en 1792 la marine de commerce, il embarque en 1793 comme enseigne sur un navire de guerre. Son courage et sa bravoure au combat lui valent d'être promu lieutenant puis capitaine de vaisseau. Fait prisonnier par les Anglais le 23 juin 1795 au cap Lizard après quinze heures de combat, il reste deux ans en captivité avant d'être relâché. Il suit Bruix en 1799 dans sa campagne de Méditerranée, puis prend la tête d'une expédition commerciale dans l'Océan indien, où il se met au service du gouverneur de l'île de France. Commandant de la division de Rochefort en 1809, il refuse de rejoindre avec ses navires, dont il juge l'armement insuffisant, le contre-amiral Wuillaumez qui combat les Anglais à Brest. En disgrâce jusqu'à la fin de l'Empire, il est promu contre-amiral en 1819 sous la Restauration, puis vice-amiral en 1831. Nommé pair de France en 1841, il prend sa retraite en 1848. Napoléon III le fait sénateur en 1853. Bergeret s'éteint à Paris le 26 août 1857 à l'âge de 86 ans.

Avenue Benjamin Constant

Ancienne route des Aulnes, elle doit son nom actuel à Benjamin Constant, écrivain et homme politique né à Lausanne le 25 octobre 1767, descendant de protestants français réfugiés en Suisse. L'éducation de Benjamin Constant souffre des nombreux voyages de son père, qu'il doit suivre, en Europe. En 1794, à Lausanne, il fait la connaissance de madame de Staël qui le projette sur le devant de la scène politique mais, hostile au pouvoir personnel du Premier Consul, il est exclu du Tribunat en 1802. En 1806, il achève *Principes de politique* qui fixe sa doctrine libérale et commence, la même année, *Adolphe* qui ne sera publié qu'en 1816. Son mariage avec Charlotte Hardenberg, en 1808, entraîne la rupture de sa relation orageuse avec madame de Staël. Ses romans et son journal intime montrent sa difficulté à prendre parti. Après la chute de l'empereur, Constant devient un des chefs de file du parti libéral comme député, de 1819 à 1822, puis de 1824 à sa mort en 1830.

Avenue Dupont de l'Eure

L'homme politique Jacques-Charles Dupont de l'Eure naît en 1767. Après des études de droit, il est avocat au parlement de Normandie. Sous le Directoire, il devient membre du Conseil des Cinq-Cents. En 1813, il est membre du corps législatif puis de la Chambre des représentants pendant les Cent-Jours. Sous la Restauration, il siège comme député de l'opposition. Ayant participé activement à la révolution de juillet 1830, il est quelque temps ministre de la Justice, puis il rejoint les rangs de l'opposition sous la Monarchie de Juillet. En 1848, il préside le gouvernement provisoire. Dupont de l'Eure décède en Normandie en 1855.

Avenue Eglé

Elle est tracée par François Mansart en même temps que l'avenue Albine. Elles figurent seules sur la carte de Caron (1686), les autres avenues du parc n'ayant été ouvertes que plus tard. L'avenue Eglé s'appelle d'abord avenue des Petits Bois. Elle conduit à Saint-Germain, résidence favorite de Louis XIV. A l'extrémité de l'avenue Eglé, Mansart construit une entrée flanquée de deux pavillons de garde qui existent toujours. C'est

Jacques Laffitte qui, lors du lotissement de son parc en 1833, choisit le nom des avenues. L'avenue des Petits Bois devient l'avenue Eglé, prénom de sa petite-fille née en 1832 de l'union d'Albine Laffitte et du prince de la Moskova. Eglé Ney épouse en 1852 Victor Fialin, duc de Persigny. Son mari est successivement député en 1849, ministre de l'Intérieur en 1852, ambassadeur à Londres de 1855 à 1860, sénateur, président du conseil général de la Loire, maire de Chamarande. Ils ont cinq enfants : Lyonnette, Jean-Michel, Marie-Eugénie, Marguerite-Eglé et Anne-Albine. Le duc de Persigny décède à Nice en 1872. L'année suivante, Eglé épouse en secondes noces Adrien Le Moyne, ingénieur attaché au canal de Suez. Veuve à nouveau en 1879, elle épouse dix ans plus tard le comte Charles de Villelume-Sombreuil (1861-1912). Eglé Ney, princesse de la Moskova, décède à Cannes en 1890.

Avenue du Général Foy

Maximilien-Sébastien Foy naît en 1775 à Ham, dans la Somme. Après l'école d'artillerie de La Fère, il est nommé lieutenant en second et part pour l'armée du Nord. Sous les ordres de Dumouriez, il combat à Jemmapes. Passé à l'armée du Rhin, il fait les campagnes de 1796 à 1797. Il est promu colonel en 1801 mais, républicain convaincu et opposé à l'Empire, il est bloqué dans son avancement. Il doit attendre la bataille de Vimeiro, le 3 septembre 1808 au Portugal, pour être nommé général de brigade par Napoléon. Grièvement blessé à la bataille d'Orthez, il devient inspecteur général d'infanterie en 1814. A Waterloo il reçoit sa quinzième blessure. Député libéral de l'Aisne en 1819, proche de Jacques Laffitte, il retrouve à Maisons les « ténors » de l'opposition libérale : La Fayette, Odilon Barrot, Manuel, etc. Le général Foy décède à Paris en 1825.

Avenue Girardin

Louis-Stanislas de Girardin naît en 1762 à Lunéville. Il a pour parrain le roi Stanislas et comme précepteur Jean-Jacques Rousseau. Elu député à l'Assemblée législative en septembre 1791, il siège aux côtés des monarchistes constitutionnels. Emprisonné sous la Terreur, il est libéré après le 9 thermidor an II. Sous le Consulat, il siège au Tribunat en 1799 dont il assure la présidence en 1802. Promu au grade de colonel, il accompagne Joseph Bonaparte à Naples puis en Espagne. Rentré en France, il devient en 1809 membre du corps législatif. Fait comte d'Empire en 1810, il est nommé préfet de Seine-Inférieure en 1812, puis de Seine-et-Oise en 1815. Sous la Restauration, il devient préfet de la Côte-d'Or en 1819. Il est élu la même année député de l'opposition libérale, siège qu'il occupe jusqu'à sa mort en 1827 à Paris.

Avenue La Fayette

Le marquis Marie-Joseph de La Fayette, général et homme libéral épris de justice sociale, se bat pour l'indépendance américaine et joue un rôle important lors des révolutions de 1789 et de 1830. Né le 6 septembre 1757 dans une famille noble de Chavaniac en Auvergne, il sert cinq ans dans l'armée française avant de partir pour l'Amérique. Nommé général de division en 1777 par le Congrès, il intègre l'état-major de George Washington. Après les batailles de Brandywine et de Monmouth, il rentre en France chercher une aide financière et militaire pour les Américains. Il repart en Amérique en 1780 et participe à la bataille de Virginie qui se termine par la victoire de Yorktown, en 1781. Elu député de la noblesse en 1789 aux Etats généraux, il commande et transforme la milice parisienne en garde nationale. Lors de la déclaration de guerre contre l'Autriche, il prend le commandement de l'armée du Centre. Accusé par les Jacobins de vouloir faire marcher son armée sur Paris, il est déclaré le 19 août traître à la patrie. Réfugié dans les Flandres, il est fait prisonnier par les Autrichiens qui le gardent de 1792 à 1797. Revenu en France en 1799, il reste à l'écart du régime napoléonien. Lors des Cent-Jours, il est élu député et devient vice-président de la Chambre. Député de l'opposition libérale de 1818 à 1824, il visite ensuite les Etats-Unis à l'invitation du Congrès

MAISONS-LAFFITTE. Avenue Lafayette.

américain. En 1820, il participe au complot de la Charbonnerie visant à renverser la monarchie. Pendant la révolution de juillet 1830, il accueille Louis-Philippe au balcon de l'hôtel de ville de Paris et reçoit de nouveau le commandement de la garde nationale. Le 19 février 1832, La Fayette participe comme vénérable maître d'honneur à l'allumage des feux de la loge des Trois Jours dont Jacques Laffitte est vénérable maître en chaire. L'engagement politique de cette loge oblige le suprême conseil de France à signer l'arrêté de sa démolition le 29 avril 1832. La Fayette décède le 20 mai 1834.

Avenue Jacques Laffitte

Louis XIV signe en 1658 des lettres patentes qui autorisent René de Longueil à clôturer le parc de son domaine. Au début du XVIIIe siècle, plusieurs avenues sont tracées dans le parc. L'une d'entre elles suit le mur de clôture : il s'agit de notre avenue Jacques Laffitte.

Don Juan de Aladro Domecq, prince de Kastrioti, ancien ministre plénipotentiaire du royaume d'Espagne, sollicite en 1880 de l'Association syndicale du parc l'autorisation de créer à ses frais, en bordure de forêt, une piste d'entraînement pour ses chevaux de courses. Il propose également à l'Association syndicale du parc de prendre en charge l'aménagement des abords de la piste Jacques Laffitte qui voit ainsi le jour. Vers 1890, une dizaine d'entraîneurs, James d'Okhuysen, Charles Bariller père, Joseph Lieux, Desraines, Riou, Olivier Tirlot, William Botten, J. Harper et Robert Ruddok, signent avec l'Association syndicale du parc des baux individuels pour l'utilisation de la piste Jacques Laffitte. La Société des steeple-chases, devenue propriétaire de terrains dans le parc, dispose de ses propres pistes d'entraînement. Elle signe un bail avec l'ASP le 23 décembre 1910, relatif à l'utilisation de la piste Jacques Laffitte. Ce bail est enregistré le 7 janvier 1911. Il marque la naissance officielle du centre d'entraînement de Maisons-Laffitte.

Jacques Laffitte naît le 24 octobre 1767 rue Maubec à Bayonne où son père est maître charpentier. A l'âge de 14 ans il entre chez le négociant Pierre Formalagues où il se familiarise avec les assurances maritimes, les contrats de prêts à la grosse aventure en mer et l'arbitrage des monnaies. Jacques Laffitte voulant monter à Paris, Formalagues lui donne une lettre de recommandation pour son correspondant le banquier Perrégaux qui l'engage comme commis. Rapidement, il excelle dans l'arbitrage des monnaies. Pendant la Révolution, il sauve Perrégaux de l'échafaud en falsifiant les livres de comptes lorsque la banque est visitée par les conventionnels qui recherchent les dépôts des émigrés. En remerciement il est nommé fondé de pouvoir. Après le 9 thermidor an II, Laffitte reçoit 4 millions de francs en dépôt de Louis XVIII. Il épouse le 14 mai 1801 Françoise Laeüt (voir notices place Marine et avenue Madame Laffitte). Perrégaux l'associe en février 1806 à ses affaires sous la raison sociale Perrégaux et Cie. En mauvaise santé, Perrégaux dissout la société l'année suivante. Il en crée une nouvelle intitulée Perrégaux, Laffitte et Cie dont Jacques Laffitte est le gérant avec 50 % du capital social. Nommé régent de la Banque de France le 19 janvier 1809, il en devient gouverneur le 6 avril 1814. Avant de partir pour Sainte-Hélène, Napoléon lui dépose 6 millions de francs et refuse toute reconnaissance de dettes. Soutien du parti libéral, Laffitte est élu en 1816 député de la Seine. Il est réélu jusqu'en 1844. Il achète en 1818 à la maréchale Lannes le château de Maisons. Il n'en devient toutefois propriétaire qu'en 1824 à la majorité des enfants Lannes. En 1830, il est l'un des instigateurs des Trois Glorieuses qui entraînent la chute

de Charles X et l'accession au trône de Louis Philippe. Il devient président du Conseil avec le portefeuille des Finances le 2 novembre 1830. Mais sa faiblesse entraîne le désordre et il doit abandonner le pouvoir le 13 mars 1831 au profit de Casimir Périer. La crise de 1830-1831 l'a presque ruiné. Il est contraint de liquider sa banque et n'évite la faillite que grâce à des avances de la Banque de France pour un montant total de 7 millions de francs. En janvier 1834, il met en vente son hôtel particulier de la rue d'Artois. Une souscription nationale qui rapporte 450 000 francs lui permet de conserver son hôtel. Afin de trouver de l'argent pour rembourser ses créanciers, Laffitte décide de lotir le parc du château de Maisons. Pour offrir aux acquéreurs de terrains des matériaux bon marché, il fait démolir les écuries. A sa mort le 26 mai 1844, seulement 31 hectares sur 170 mis en vente ont trouvé acquéreurs.

Avenue Madame Laffitte

Dans ses *Mémoires* Jacques Laffitte raconte : « *Agé de 33 ans, je voulus me marier et fis bien. Je rêvais au bonheur dans un bon ménage. Je ne songeais pas à l'argent mais j'étais exigeant pour le reste. Je voulais trouver une femme comme il y en a peu, jeune, jolie, des talents, beaucoup d'esprit, sage, douce et surtout fort modeste. Ce phénix, j'aurais beau le chercher, ce n'est pas dans les bals, où d'ailleurs j'allais fort peu, que j'aurais pu le trouver. Un ami crut l'avoir découvert au fin fond du Marais. Aussitôt, je me mis en course. Je trouvai tout ce que je pouvais désirer, les talents exceptés ; mais à défaut d'un grand esprit, un excellent jugement et une raison parfaite. Je ne me décidais pourtant pas : ma prétendue restait toujours muette ! Elle avait à peine dix-sept ans ; elle ne disait rien ; néanmoins je finis par m'engager. Ma femme m'a avoué plus tard qu'elle avait cru en épousant un banquier avoir des diamants, une voiture et une loge au spectacle. Elle s'est bien trompée et n'en a pas eu de regrets. Elle n'a été qu'une seule fois au bal quoiqu'elle dansât à merveille. Elle préféra une vie d'intérieur et de famille...* » (Voir notice place Marine.)

Avenue Manuel

Jacques-Antoine Manuel voit le jour le 19 décembre 1775 à Barcelonnette. En 1793, à l'âge de dix-sept ans, il se porte volontaire dans l'armée de la Révolution. Nommé officier, il prend part à la campagne d'Italie où il est promu capitaine. Grièvement blessé, il est réformé en 1797. Il passe sa licence de droit puis ouvre un cabinet d'avocat où il fait la connaissance de Fouché. Bien que non candidat, il est élu député en 1815 par les électeurs de Barcelonnette et de Digne. Après Waterloo, il se fixe à Paris mais ne peut se faire inscrire au tableau des avocats à cause de ses opinions. Il ouvre alors un cabinet d'avocat-consultant dont Laffitte utilise les services dans le litige qui l'oppose aux bénéficiaires du testament de Napoléon. Elu député en 1818 à la fois dans le

Finistère et en Vendée, il opte pour cette dernière qui le réélit en 1820 et 1823. Mais ses discours irritent les royalistes. Au cours de la discussion sur la question de la guerre en Espagne, la majorité l'exclut le 3 mars 1823 de la Chambre des députés, malgré l'intervention de Jacques Laffitte en sa faveur. Malade depuis plusieurs années, il est hébergé au château de Maisons où il s'éteint le 20 août 1827 dans les bras de Béranger, à l'âge de 52 ans. « *Ce n'est pas seulement en lui l'orateur et l'homme de haute intelligence que je regrette*, dit Laffitte en lui rendant hommage, *c'est le penseur profond, le député énergique, qui défendait les droits du peuple avec la conscience de ses besoins*. »

Non sans mal, il obtient du préfet Delaveau que Manuel soit enterré à Paris. Le cortège funèbre quitte le château de Maisons le 24 août à 9 heures. Le corps est d'abord porté par les domestiques du château bientôt relayés par une trentaine de paysans de Maisons. Le cercueil est placé sur une voiture qui est suivie par les attelages de Laffitte, Béranger, Thiers, Mignet… Le convoi arrive à midi à la barrière du Roule, où l'attend une foule déjà considérable. Un escadron de gendarmerie intervient sabre au clair pour que le corbillard ne soit pas tiré par des jeunes gens mais par des chevaux. Il faut toute la diplomatie de Laffitte pour que cet incident ne dégénère pas en bataille. Le corbillard n'arrive au Père-Lachaise qu'à 17 heures, entouré d'une foule de 40 000 personnes. Laffitte prononce un dernier hommage devant la tombe de son ami : « *Adieu, Manuel ! Jouis en paix, dans une autre vie, de la récompense accordée aux hommes qui ont bien mérité de leurs semblables*. »

Place Marine

Le rond-point qui deviendra la place Marine apparaît pour la première fois sur la carte topographique du duché d'Enghien, publiée en 1732 et conservée au musée Condé à Chantilly. Il s'agit alors d'une patte d'oie appelée la patte d'oie des Buttes, d'où divergent sept avenues en éventail : nos actuelles avenues Mirabeau, Girardin, Général Foy, de La Moskova, Manuel, Constant et Vergniaud. En 1784, Bélanger, l'architecte du comte d'Artois, complète le dessin. Entre la patte d'oie des Buttes et le chemin (rue) de la Muette, il y a un clos dit de la Maison Neuve doté d'un grand parc. Les seigneurs de Maisons le louent à de riches Parisiens comme maison des champs. Bélanger détruit cet ensemble pour créer le rond-point. Les allées de la patte d'oie sont complétées par nos actuelles avenues La Fayette et Bailly qui sont prolongées jusqu'au mur de la clôture (avenue Rabelais et avenue La Bruyère). Une porte est ouverte dans ce mur pour laisser passer notre actuelle avenue Bergeret, encadrée par deux nouvelles avenues (Dupont de l'Eure et Odilon Barrot). Lorsqu'en 1833 Jacques Laffitte baptise les avenues et places du parc en vue de le lotir, il donne le premier prénom de sa femme au rond-point des Buttes : Marine-Françoise Laeüt, née au Havre en 1784. Elle avait seize ans et demi et Jacques Laffitte trente-quatre et demi lorsqu'ils se marient le 14 mai 1801. Le contrat

de mariage a été signé le même jour chez maître Silly, notaire à Paris. La dot est de 4 000 francs payables un an après le mariage et 3 000 francs de rente. Un des témoins du mariage est Pierre Formalagues, collaborateur de Jacques Laffitte à la banque Perrégaux, qui lui a présenté la jeune fille. Celle-ci a pour témoin son beau-frère Joseph-Maximilien Lechat, sa sœur Justine et Jean Laent son cousin. Dans ses mémoires, Jacques Laffitte parle ainsi de sa femme : « *Sans un grand esprit, mais du tact, une grande sagesse, franche, bonne, généreuse, faisant admirablement les honneurs chez elle, se faisant aimer des petits et des grands. Elle n'a souffert que pour moi de la perte de ma fortune. Depuis le petit appartement du Marais où je l'ai prise jusqu'au grand hôtel doré de la Chaussée d'Antin, elle a été constamment la même. Si elle n'avait pas trop gâté sa fille, elle eût été parfaite.* » Marine-Françoise Laffitte décéda à Paris en 1849, cinq ans après son mari (voir notice avenue Madame Laffitte).

La légende napoléonienne

Avenue Augereau

Pierre-François-Charles Augereau, né en 1757, est l'un des seuls Parisiens d'origine parmi les généraux de la Révolution et de l'Empire. Fils d'un domestique, il s'engage à dix-sept ans, déserte, sert dans les troupes prussiennes et napolitaines puis se rallie à la Révolution française. Général de division en 1793, il devient l'un des meilleurs lieutenants de Bonaparte pendant la campagne d'Italie. De retour à Paris, Augereau mène à bien le coup d'Etat du 18 fructidor (4 septembre 1797). Député en 1799 aux Cinq-Cents, maréchal en 1804 et duc de Castiglione en 1806, il participe à toutes les campagnes de l'Empire. A Eylau, il voit son corps d'armée presque anéanti à la suite de ses fausses manœuvres. En 1814, il injurie vilement le Corse et fait l'éloge de la cocarde blanche. Il est alors rayé de la liste des maréchaux et fait pair de France par Louis XVIII. Augereau décède à La Houssaye en 1816.

Avenue d'Austerlitz

C'est à proximité d'une localité de Moravie, Austerlitz (aujourd'hui Slavkov en République Tchèque), que s'est déroulée la « bataille des Trois Empereurs » le 2 décembre 1805. Napoléon remporte là sa première grande victoire (avant Iéna et Wagram) sur l'armée austro-russe commandée par les empereurs François II et Alexandre Ier. Les coalisés perdent 37 000 hommes et toute leur artillerie (dont le bronze sera utilisé pour l'édification de la colonne Vendôme, à Paris) et les Français 8 000 soldats. Le 6 décembre, les troupes russes se retirent et François II signe, le 26 décembre 1805, le traité de Presbourg (aujourd'hui Bratislava) qui entérine la disparition du Saint-Empire romain germanique. La bataille d'Austerlitz, en affaiblissant l'Autriche, signe la dislocation de la troisième coalition qui avait rassemblé l'Autriche, l'Angleterre et la Russie contre la France.

Avenue Bautzen

La bataille de Bautzen a lieu les 20 et 21 mai 1813 durant la campagne d'Allemagne. La ville est située sur la rivière Spree à quarante kilomètres au nord-est de Dresde. Les Russes et les Prussiens placent 96 000 hommes sur une solide position défensive et attendent Napoléon qui les attaque de front tandis que Ney effectue un mouvement tournant. Le soir du 20 mai, la première ligne ennemie est prise et Napoléon installe alors son quartier général dans Bautzen. Le lendemain, en position de bataille, prêtes à fondre sur la deuxième ligne des coalisés, les troupes d'Oudinot, Macdonald, Marmont et Bertrand, attendent l'intervention de Ney qui tergiverse. L'armée russo-prussienne arrive à se replier en bon ordre en laissant 15 000 tués et blessés sur place, empêchant ainsi Napoléon d'atteindre son objectif : porter un coup fatal aux forces alliées.

Avenue (cercle) Beauharnais

Alexandre-François-Marie, vicomte de Beauharnais, est né en 1760 à Fort-Royal en Martinique. Il épouse en 1779 Joséphine Tascher de La Pagerie dont il a deux enfants, Eugène et Hortense. Alexandre participe à la guerre d'Indépendance américaine puis sert aux Antilles. Elu député de la noblesse aux Etats généraux, il est président de l'Assemblée constituante en 1791. Général en 1792, il refuse d'être nommé ministre de la Guerre. Il est arrêté et guillotiné à Paris en 1794 pour avoir mal défendu Mayence.

Avenue Berryer

Elle s'appelle en 1820 la route des Aulnes. Avocat et homme politique français, Pierre Berryer, né à Paris en 1790, est le fils d'un illustre avocat de l'Empire. Il est célèbre par ses plaidoiries dans les procès du maréchal Ney en 1815 et du général Cambronne en 1816. Il défend également Lamennais, Chateaubriand et Louis Napoléon Bonaparte en 1840 après l'échec du complot de Boulogne. Candidat des ultraroyalistes, il est élu député en Haute-Loire en 1830. Après la révolution de Juillet, il proteste contre la désignation du nouveau souverain. Bien que cherchant à détourner la duchesse de Berry de son projet insurrectionnel, il est considéré comme complice, jugé et acquitté. Il est encore l'un des principaux orateurs de la Chambre des députés, notamment sur les chemins de fer, sur l'Algérie et, en 1845, en faveur des congrégations religieuses contre Thiers. Il est élu en 1848 à l'Assemblée constituante et en 1849 à l'Assemblée législative. Il entre à l'Académie française en 1855. Toujours fidèle aux Bourbons de la branche aînée, il s'associe parfois aux républicains contre Napoléon III et participe à la souscription Baudin en 1868, peu de temps avant sa mort.

Avenue du Général Bonaparte

Elle s'appelle encore en 1898 avenue Napoléon. Napoléon Bonaparte naît le 15 août 1769 à Ajaccio dans une famille appartenant à la petite noblesse corse. Il étudie en 1778 comme boursier au collège d'Autun, puis de 1779 à 1784 à l'école militaire de Brienne. Sorti sous-lieutenant de l'Ecole militaire de Paris en 1785, il vit dans différentes garnisons de province jusqu'en 1791. Nommé capitaine d'artillerie, il contribue à la prise de Toulon alors livré aux Anglais. Ses faits d'armes lui valent d'être promu général de brigade à 24 ans. Barras l'appelle en mars 1795 pour réprimer l'insurrection royaliste contre le Directoire. Il épouse en 1796 une Créole, Joséphine de Beauharnais, veuve d'un général guillotiné sous la Révolution. Promu général en chef de l'armée d'Italie, il contraint les Autrichiens et leurs alliés à signer la paix. Après l'expédition d'Egypte et la victoire des pyramides, Bonaparte prend le pouvoir lors du coup d'Etat du 18 brumaire et instaure le Consulat. Premier Consul, il publie la Constitution de l'an VIII qui concentre le pouvoir entre ses mains. Il mène à bien de nombreuses réformes, notamment la création de la Banque de France, la naissance du franc germinal, la promulgation du code civil. Lors de la seconde coalition, il bat les Autrichiens à Marengo le 14 juin 1800. Bonaparte se fait sacrer empereur des Français sous le nom de Napoléon Ier, le 2 décembre 1804, par le pape Pie VII à Notre-Dame de Paris.

Avenue de Brienne

Brienne-le-Château est situé dans l'arrondissement de Bar-sur-Aube. C'est dans l'ancien couvent des Minimes, qui abrite alors l'école militaire, que Bonaparte, avec l'appui du comte de Marbeuf, gouverneur de la Corse, fait ses études de 1779 à 1784. Lorsqu'il intègre l'école à l'âge de neuf ans, ses camarades le surnomment « la paille au nez » car il prononce son prénom « Napoglione ». Vingt ans après, de passage dans la ville, il découvre attristé l'école militaire en ruine. Le 29 janvier 1814, après avoir libéré la ville de ses assaillants, racontant ses souvenirs d'enfance au général Daure, il dit : « *Pouvais-je penser alors que j'aurais à y combattre les Russes ?* » Trois jours plus tard, contraint de se retirer, il quitte Brienne qu'il ne reverra jamais. La statue de Napoléon enfant, érigée sur la place de l'Hôtel de Ville en 1859, porte une inscription qui rappelle les paroles de celui-ci : « *Dans ma pensée, Brienne est ma patrie, c'est là que j'ai ressenti les premières impressions de l'homme.* »

Avenue Champaubert

Commune de la Marne située dans l'arrondissement d'Epernay, où Napoléon remporte lors de la campagne de France une victoire sur la division russe du général Alsufief, le 10 février 1814.

Avenue Daumesnil

A la bataille de Wagram, en 1809, Pierre Daumesnil (1776-1832) perd une de ses jambes qui est emportée par un boulet. Les soldats le surnomment dès lors « jambe de bois ».

Napoléon Ier le nomme général de brigade ainsi que gouverneur du château de Vincennes en 1812. Lors de la campagne de France en 1814, les troupes alliées font le siège du château de Vincennes. A leur demande de reddition, il répond : « *Je vous rendrai ma place, quand vous m'aurez rendu ma jambe.* » De nouveau gouverneur du château de Vincennes en 1830, sous la monarchie de Juillet, il s'oppose aux révolutionnaires qui veulent s'emparer des ministres de Charles X enfermés au château pour les tuer. Daumesnil meurt du choléra en 1832.

Avenue Desaix
Ancienne Route aux Chats, elle doit son nom actuel à Louis-Charles-Antoine des Aix, dit Desaix (1768-1800), issu de la noblesse auvergnate. Son soutien à la Révolution le brouille avec sa famille qui choisit l'émigration. Nommé général de division en 1793, il commande l'avant-garde de l'armée du Rhin et, en 1797, rencontre Bonaparte qui l'emmène avec lui pour conquérir la Haute Egypte. Lorsque Bonaparte rentre en France, Desaix est chargé de la surveillance du commandant en chef Kléber. Quittant à son tour l'Egypte, il rejoint l'armée d'Italie où, à la tête de deux divisions, il est tué le 14 juin 1800 à Marengo d'une balle en plein cœur.

Avenue de Dresde
Dresde est une ville de Saxe où Napoléon remporte lors de la campagne d'Allemagne une victoire sur les forces austro-russes. Les coalisés dirigés par le maréchal Karl von Schwarzenberg et le tsar Alexandre Ier battent en retraite le 24 août 1813 après deux jours de combats. Ils laissent 28 000 hommes sur le champ de bataille. Les pertes françaises s'élèvent à 8 000 hommes.

Cercle de la Gloire

Dans son *Histoire de Maisons-Laffitte depuis les temps les plus reculés jusqu'à nos jours*, Léon Galichet écrit : « *Le premier soin du maréchal fut de débaptiser nombre d'avenues et de remplacer leurs noms, de l'époque de Louis XIV, par d'autres de celle de Napoléon Ier. La grande avenue circulaire, existant au milieu du parc, reçut le nom de cercle de la Gloire ; le point central de cette circonférence, celui de place Napoléon ; les avenues voisines - diamètres, rayons, sécantes et tangentes - reçurent des noms de victoires (...).*

Sur le plan, les avenues du cercle de la Gloire figurent, grâce aux réserves boisées qui sont aménagées de place en place, une immense croix de la Légion d'honneur. »

Il s'agit là d'une des nombreuses légendes dues à l'imagination de Léon Galichet. En effet, comme le montre le plan du parc de Maisons publié en 1806 du vivant du maréchal Lannes, le cercle de la Gloire est tracé plus tard. C'est Laffitte qui dessine de nouvelles avenues afin de faciliter le lotissement du parc en 1834. Si nous rapprochons le plan de son lotissement avec une croix de la Légion d'honneur, nous voyons que l'affirmation de Léon Galichet ne tient pas. De la place Charlemagne et non de la place Napoléon rayonne une étoile à quatre branches séparées par les réserves boisées. La branche du bas est d'ailleurs tronquée, au temps de Jacques Laffitte, par les prairies du bord de Seine ; elle l'est aujourd'hui par l'hippodrome. La croix de la Légion d'honneur est formée d'une étoile à cinq rayons doubles réunis deux à deux par une encoche. Le dessin des deux croix est donc tout à fait différent.

Avenue Hoche

Le général Lazare Hoche naît à Versailles en 1768 où son père est palefrenier du roi. Caporal aux gardes royales, il participe à la prise de la Bastille puis, devenu sergent de la garde nationale, il marche avec son bataillon sur Versailles en octobre 1789. Nommé capitaine en 1792, il combat dans l'armée du Nord. Devenu général et commandant en chef de l'armée de la Moselle, il sauve l'Alsace en remportant la victoire de Geisberg, en 1793, contre les Prussiens et les Autrichiens. Ses sympathies pour Marat et les Cordeliers lui valent d'être emprisonné par les partisans de Robespierre. Libéré après le 9 thermidor, Hoche réduit la chouannerie et pacifie la Vendée. Commandant en chef de l'armée de Sambre et Meuse en 1797, il fait face au péril royaliste en marchant sur Paris avec 15 000 hommes permettant le coup d'Etat du 18 fructidor. Hoche décède mystérieusement peu après à son quartier général de Wetzlar.

Avenue Kléber

Le général Jean-Baptiste Kléber est né à Strasbourg en 1753. Il se destine d'abord à la profession d'architecte avant de suivre les cours de l'école militaire de Munich. Engagé volontaire en 1792, il mate l'insurrection vendéenne. De 1794 à 1796, il est le principal lieutenant de Jourdan dans l'armée de Sambre et Meuse mais, refusant tous les commandements qu'on lui offre, il finit par démissionner. Bonaparte le rappelle pour la campagne d'Egypte et, avant de regagner la France, lui confie le commandement en chef de l'armée d'Orient. Kléber oblige Desaix à négocier une convention d'évacuation de l'Egypte avec les Anglais. Lorsqu'il s'aperçoit que ces derniers n'ont pas l'intention de respecter l'accord, Kléber reprend les armes et remporte une éclatante victoire à Héliopolis. Il réprime alors de façon brutale une insurrection au Caire et meurt assassiné par le jeune musulman Soleyman.

Avenue Labédoyère

Le général Charles-Angélique-François Huchet (1786-1815) comte de La Bédoyère est l'aide de camp du maréchal Lannes en 1808. Au moment des Cent-Jours il se rallie à Napoléon, ce qui lui vaut d'être arrêté au retour de Louis XVIII, jugé puis fusillé en 1815.

Avenue Marengo

Remportée le 14 juin 1800 en Italie par le Premier Consul Napoléon Bonaparte sur les troupes autrichiennes du général Michael von Melas, la bataille de Marengo met fin à la seconde coalition. Le renfort de l'artillerie de Desaix et de la cavalerie de Kellermann renversent la situation, transformant en victoire la bataille au moment où Bonaparte la considère comme perdue.

Avenue Masséna

Surnommé par Napoléon Ier « L'enfant chéri de la Victoire », André Masséna, fils de vigneron, est né à Nice en 1758. Engagé volontaire en 1791 dans l'armée d'Italie, son talent militaire lui vaut d'être nommé lieutenant-colonel puis général. Il se distingue lors de la victoire de Rivoli en 1797. Commandant en chef sous le Consulat, il remporte en 1799 la victoire de Zurich qui sauve la république menacée par la deuxième coalition. Elevé à la distinction de maréchal en 1804, il conquiert le royaume de Naples en 1806. Mais son âpreté au gain et l'animosité de ses collègues lui valent une nouvelle disgrâce. Rappelé par Napoléon en 1809, Masséna remporte les victoires d'Essling et de Wagram. Chargé de la reconquête du Portugal en 1810, il ne reçoit pas le soutien attendu de Soult et de Ney. Disgracié par Napoléon, Masséna décède en 1817.

Avenue de Montebello

La bataille de Montebello est remportée par le général Lannes le 9 juin 1800 contre les Autrichiens du général Ott lors de l'offensive de Bonaparte en Italie du Nord. Devenu maréchal, Lannes est fait duc de Montebello par Napoléon Ier le 15 juin 1808.

Avenue Montmirail

Commune de la Marne située dans l'arrondissement d'Epernay, où Napoléon remporte lors de la campagne de France une victoire sur les Prussiens le 11 février 1814.

Avenue de la Moskova

MAISONS-LAFFITTE. Le Parc. Carrefour des Avenues Moskowa et Jeant-Bart.

La bataille du plateau de la Moskova en Russie est la plus meurtrière de l'Empire. Commencée dans la nuit, elle s'achève dans l'après-midi du 7 septembre 1812, après 14 heures de combat, par la victoire de Napoléon. Les troupes russes laissent 50 000 tués, blessés et prisonniers, tandis que la Grande Armée perd 24 000 soldats.

Place Napoléon

Ancien carrefour de Fromainville. Jacques Laffitte marie en 1828 sa fille Albine au fils du maréchal Ney, fusillé par la Terreur blanche en 1815 pour s'être rallié à Napoléon pendant le « vol de l'Aigle ». Au travers du nom des douze avenues qui rayonnent autour de la place Napoléon et recoupent le cercle de la Gloire, Jacques Laffitte choisit de retracer la prodigieuse épopée napoléonienne.

Partant de la place sont donc évoquées Brienne où Bonaparte fait ses études militaires de 1779 à 1784, Toulon qu'il contribue en décembre 1793 à reprendre aux Anglais, Les Pyramides (campagne d'Egypte), Marengo (campagne d'Italie) ; devenu l'empereur Napoléon Ier, Austerlitz (1805), Wagram (1809), La Moskova (campagne de Russie), Dresde et Montmirail (campagne de France en 1814) qui n'empêchent pas la capitulation de Paris et son abdication. Enfin Sainte-Hélène où Napoléon est déporté par les Anglais et où il meurt le 5 mai 1821.

Consulté par le ministre de l'Intérieur, le conseil municipal de Maisons-sur-Seine donne, le 9 novembre 1863, un avis favorable à l'offre de messieurs Naud et Cie du Comptoir central de crédit, propriétaire de terrains dans le parc, d'ériger une statue de l'empereur au centre du cercle de la Gloire. Un décret de Napoléon III, du 20 décembre, autorise la mise en place de la statue, réplique en terre cuite de l'œuvre réalisée par le sculpteur Seurre pour la colonne Vendôme.

Le journal *l'Industriel de Saint-Germain-en-Laye* du 20 août 1864 nous relate l'inauguration qui eut lieu le jour de la fête nationale du 15 Août, date anniversaire de la naissance de Napoléon Ier : « *(...) A la sortie de l'église, où avait été chanté le* Te deum, *plus de deux mille personnes se retrouvèrent réunies et le cortège se mit en route dans l'ordre suivant : la gendarmerie départementale, l'Orphéon de Maisons et la Fanfare de Poissy avec sa bannière, la Fanfare de Mesnil-le-Roi et tambours, la gendarmerie des Chasses, les autorités municipales de Maisons, Sartrouville et Mesnil. Les médaillés de Sainte-Hélène ayant en tête un drapeau orné de branches de laurier. La société de secours mutuels de Sartrouville et celle de Maisons. La haie à files ouvertes encadrant tout le cortège était formée des sapeurs-pompiers de Maisons, du Mesnil et de Sartrouville. Arrivés au pied de la statue dont l'érection a été autorisée par un décret impérial du 20 décembre 1863 et qui a été donnée à la commune par messieurs Naud et Cie pour être élevée au rond-point de l'ancien parc qui a pris le titre de place Napoléon, monsieur le curé de Maisons, Bertin, adjoint au maire, Naud, propriétaire se sont regroupés autour de monsieur Duverdy, maire de Maisons près duquel étaient placés messieurs Récapé membre du conseil général, maire de Sartrouville, et Paymal, maire du Mesnil, tous ceints de leur écharpe. Les sapeurs-pompiers ayant formé le carré, monsieur le maire prononça un discours dans lequel il rappela les souvenirs qui pouvaient rattacher le nom de Napoléon à la commune de Maisons. (...)*

Ce discours a excité un grand enthousiasme parmi la population de Maisons et celle des communes réunies qu'elles ont manifesté en répétant avec ardeur et à plusieurs reprises le cri de : "Vive l'Empereur". *Au retour de la cérémonie le vin d'honneur a été offert dans une des salles de l'école communale aux autorités et aux chefs des sociétés.* »

A l'époque, la place Napoléon est au bout du monde et son entretien laisse à désirer. Aussi, en 1895 un journaliste du *Gaulois* écrit-il : « *Il serait question, dit-on, de placer sur une des places publiques de Paris, la statue en bronze de Napoléon Ier qui se trouve perdue au milieu du bois de Maisons-Laffitte. Cette statue qui représente le grand empereur, avec sa*

redingote et le petit chapeau légendaires, est absolument délaissée au centre d'un carrefour désert et se détériore rapidement. La direction des Beaux-Arts va être saisie de ce projet de transfert. » Celui-ci n'a pas de suite. En 1910, l'Association syndicale commande à la serrurerie Blain la grille circulaire qui entoure aujourd'hui encore le socle de la statue et autour duquel est créé un parterre fleuri en forme d'étoile. Dans la nuit du 18 au 19 janvier 1970, la statue est renversée et brisée par des vandales. L'Association syndicale la fait restaurer par la Maison André qui reconstitue l'armature intérieure et remplace les morceaux manquants. La statue reprend sa place sur son socle en 1970. Malheureusement, trois ans plus tard elle est à nouveau la proie des vandales, dans la nuit du 6 au 7 avril 1973. Et cette fois les dommages subis s'avèrent irréparables.

Avenue Poniatowski

Le maréchal Joseph Poniatowski (1763-1813) débute comme colonel dans l'armée autrichienne et aide de camp de l'empereur Joseph II. Nommé gouverneur de Varsovie par le roi de Prusse, il rencontre Murat en 1806 lorsque celui-ci occupe la ville avec son armée. Séduit par les manières du prince, Murat le présente à Napoléon qui lui confie le commandement en chef des armées du nouveau grand-duché. Pendant la retraite de 1813, Poniatowski se noie à Leipzig en voulant traverser l'Ester à la nage. Aux temps féodaux, lorsque les seigneurs de Maisons avaient le droit de haute justice sur les habitants, c'est-à-dire, entre autres, de les condamner à mort, le gibet était planté au lieu-dit la Justice qui se trouvait près de l'avenue Poniatowski.

Avenue des Pyramides

La bataille des Pyramides est remportée le 21 juillet 1798 par Bonaparte lors de la campagne d'Egypte sur les mamelouks de Mourad Bey et permet la prise du Caire. Solidement formées en carré, les troupes françaises n'ont que 40 tués et 300 blessés. N'arrivant pas à percer la défense française, la cavalerie mamelouke laisse 20 000 tués sur le champ de bataille et 10 000 blessés ou prisonniers.

Avenue Sainte-Hélène

Cette ancienne portion du chemin de Fromainville prend le nom de Sainte-Hélène en souvenir de l'île britannique située au milieu de l'océan Atlantique où Napoléon Ier est déporté par les Anglais de 1815 à sa mort, le 5 mai 1821, suite probablement à un cancer de l'estomac.

Avenue de Toulon

Livré aux Anglais par les royalistes, Toulon est libéré après plusieurs mois de siège par Bonaparte. A la tête de ses troupes, il enlève les forts de l'Eguillette et du Balaguier le 16 décembre 1793 et le fort de Malbosquet le 17 décembre. Toutefois, les vaisseaux anglais parviennent à quitter le port après avoir incendié la flotte française. A la suite de cette victoire, Bonaparte est promu général le 24 décembre 1793. Il a 24 ans.

Avenue Amiral Villeneuve

Le contre-amiral Pierre-Charles de Villeneuve (1763-1806) accompagne Bonaparte en Egypte où il échappe au désastre d'Aboukir en août 1798 et se réfugie à Naples. Nommé vice-amiral en 1804, Napoléon le charge d'attirer la flotte britannique vers les Antilles, puis de revenir aussitôt avec des navires espagnols afin de débarquer en Angleterre. A son retour de la Martinique en juin 1805, il est suivi par Nelson. Pour protéger sa flotte, il se réfugie dans la rade de Cadix le 18 août. Lorsqu'il sort pour gagner Brest comme Napoléon le lui avait ordonné, Nelson lui livre la bataille de Trafalgar le 21 octobre qui se termine par un désastre pour la France. Fait prisonnier par les Anglais, Villeneuve est libéré mais préfère se suicider.

Avenue de Wagram

C'est une portion de l'ancien chemin de Fromainville qui partait de notre actuelle rue des Graviers avant la construction du château et de son avant-cour. Le chemin passait par l'actuelle place Napoléon et se poursuivait par l'avenue Sainte-Hélène. Pendant la campagne d'Autriche, la bataille de Wagram permet le 6 juillet 1809 à Napoléon Ier d'écraser les troupes de l'archiduc Charles qui laissent 40 000 morts sur le plateau. Avec le traité de Vienne signé le 14 octobre 1809, elle met fin à la guerre et permet le remariage de Napoléon avec Marie-Louise de Habsbourg.

Place Wagram

Elle est créée par François Mansart. Elle est visible sur la carte de Caron de 1686 et s'appelle d'abord l'ovale des Mouches. Elle prit le nom de Wagram en souvenir de la victoire de Napoléon Ier sur l'armée autrichienne de l'archiduc Charles, le 6 juillet 1809. Ci-dessous, à gauche, la place en 1838 et ci-dessous, à droite, en 1900.

Les écrivains

Avenue Beaumarchais

Pierre-Augustin Caron est né à Paris en 1732. Il doit le nom de Beaumarchais à une maison de sa première femme et son anoblissement à l'argent. Chez son père, il apprend l'horlogerie et invente en juillet 1753 un nouveau système d'échappement pour le ressort des montres. Après des démêlés judiciaires avec l'héritier de son associé en affaires, il devient agent secret de Louis XV puis de Louis XVI en Angleterre et en Hollande. Parallèlement, Beaumarchais trouve le temps d'écrire plusieurs pièces dont *Le Barbier de Séville* qui est représenté en 1775. Il achève *Le Mariage de Figaro* en 1778. Il est incarcéré en août 1792 pour une affaire de livraison d'armes non effectuée. Libéré de justesse au milieu des massacres de septembre 1792, il s'installe à Londres puis revient en France où il meurt le 17 mai 1799.

Avenue Boileau

Homme de lettres et théoricien de l'esthétique classique, Nicolas Boileau, dit Boileau-Despréaux, est né en 1636. Après des études de théologie et de droit, l'héritage obtenu à la mort de son père lui permet de se consacrer à la poésie. Il compose à partir de 1657 neuf *Satires* dont les dernières sont publiées en 1668 et dans lesquelles Boileau attaque les grands personnages de la société. L'*Art poétique*, les premiers chants du *Lutrin* et les premières *Epîtres* paraissent en 1674. En 1677, il reçoit avec Racine la charge honorifique d'historiographe du roi et est élu à l'Académie française en 1684. Entre-temps, il poursuit la publication de ses *Epîtres* et la suite du *Lutrin*. Boileau devient le chef de file des Anciens et s'oppose de 1687 à 1694 à Charles Perrault, chantre des Modernes, qui considère le siècle de Louis XIV supérieur en littérature au siècle d'Auguste. Dans la dernière *Epître*, l'*Epître XII*, *Sur l'amour de Dieu* (1698), Boileau s'attaque aux jésuites et à leur casuistique. Il décède le 13 mars 1711 à Paris.

Avenue Chateaubriand

François-René vicomte de Chateaubriand, écrivain et homme politique, est né à Saint-Malo en 1768 au sein d'une vieille famille bretonne catholique et royaliste. Sous-lieutenant en 1786, il est présenté à Louis XVI en 1787. Saisi par les violences engendrées par la Révolution, il part pour l'Amérique en avril 1791. Ses souvenirs se retrouvent dans ses œuvres littéraires et notamment dans le *Voyage en Amérique* (1826). A son retour, en 1792, il se marie et rejoint l'armée révolutionnaire en Allemagne. Blessé, il passe en Angleterre où, tout en menant une vie précaire, il publie son *Essai sur les révolutions* (1797). Chateaubriand rentre en France en 1800 et c'est en allié de Bonaparte qu'il publie le *Génie du christianisme*, vaste apologie de la religion qui obtient un succès foudroyant. Nommé par Bonaparte secrétaire d'ambassade à Rome en 1803, il devient vite hostile à l'empereur et part vers l'Orient. Ses pérégrinations lui inspirent son épopée chrétienne, *Les Martyrs* (1809). Dès son retour, il commence les *Mémoires d'outre-tombe* et il est élu à l'Académie française en 1811, année de publication de son *Itinéraire de Paris à Jérusalem*.

A l'abdication de l'empereur, Louis XVIII le fait ministre de l'Intérieur, pair de France puis ministre d'Etat jusqu'en 1816 où la publication de *La Monarchie selon la charte* provoque la suppression de sa pension de ministre. Ruiné, il vend sa maison de la Valléeaux-Loups. Chateaubriand est nommé ambassadeur à Londres et ministre des Affaires étrangères de 1822 à 1824. Disgracié comme ultra, il se fait libéral et sert Charles X. A la chute de la monarchie légitime, il renonce à sa pension de pair de France et abandonne la vie politique. Il revient alors à la littérature, rédige *La vie de Rancé* (1844) et remanie ses *Mémoires*. Il meurt à Paris le 4 juillet 1848.

Avenue Corneille

Le tragédien Pierre Corneille est né à Rouen en 1606 dans une famille de magistrats. Il fait ses études chez les jésuites et se destine à la carrière d'avocat. Il embrasse en 1629 une carrière dramatique avec une comédie *Mélite*. Jusqu'en 1634, cinq comédies et une tragi-comédie se succèdent. Le triomphe du *Cid* en 1636 inaugure une série de chefs-d'œuvre tragiques : *Horace*, *Cinna*, *Polyeucte*, *Rodogune*. L'Académie française lui ouvre ses portes en 1647. L'échec en 1652 de sa tragédie *Pertharite* l'amène à abandonner le théâtre pendant sept ans, pour se consacrer à la traduction en vers de *L'imitation de Jésus-Christ*. Protégé par Fouquet, il revient au théâtre mais ne retrouve pas les faveurs du public. L'échec de ses deux dernières créations, *Pulchérie* et *Suréna*, le pousse à une retraite définitive. Corneille meurt le 1er octobre 1684 à Paris.

Avenue Crébillon

Nous ne savons pas qui, du père Prosper Jolyot de Crébillon ou du fils Claude-Prosper, Laffitte a voulu honorer. Crébillon père est le grand rival de Voltaire. Ses pièces *Atrée et Thyeste* (1707), *Electre* (1708), *Sémiramis* (1715), *Pyrrhus* (1726) exploitent la veine des haines familiales. Son fils Claude-Prosper (1707-1777) crée le scandale avec des romans licencieux, pleins d'esprit, qui lui valent de connaître la prison. Son chef-d'œuvre, *Les égarements du cœur et de l'esprit*, publié en 1736, donne la parole à un homme qui raconte son entrée dans le monde. Son conte oriental *Le Sopha*, où le public peut reconnaître Louis XV sous les traits d'un sultan ridicule, le contraint à l'exil pour quelque temps. Suivent *Les heureux orphelins* (1754), *La nuit et le moment* (1755), *Le hasard au coin du feu* (1763), *Les lettres de la duchesse* (1768). L'ensemble de son œuvre est publié en sept volumes à la fin de sa vie.

Avenue Ducis

Auteur dramatique bien oublié, Jean-François Ducis naît à Versailles le 14 août 1733. Secrétaire du comte de Provence, il adapte les pièces de Shakespeare pour le théâtre français, notamment *Hamlet* en 1769, sans connaître lui-même l'anglais. En 1778, il est élu à l'Académie au fauteuil de Voltaire qui vient de mourir. Ducis, qui appartient à la génération charnière entre les Lumières et les Romantiques, décède à Versailles en 1816.

Avenue La Bruyère

Moraliste, auteur des *Caractères*, Jean de La Bruyère naît à Paris en 1645 dans une famille bourgeoise. Après des études de droit à Orléans, il achète un office de trésorier des finances. Avec l'appui de Bossuet, il est nommé précepteur du duc de Bourbon, petit-fils du Grand Condé, dont il devient en 1686 le secrétaire. Cette charge lui permet d'observer à Versailles, à Fontainebleau et à Chantilly, les vices et les travers de la Cour. Il publie en 1688 les *Caractères de Théophraste traduits du grec, avec les Caractères ou les Mœurs de ce siècle*. Fruit de ses observations, cet ouvrage connaît un grand succès. Elu à

l'Académie en 1693 en pleine guerre des Anciens et des Modernes, il prend la défense des Anciens : La Fontaine, Bossuet, Boileau et Racine. La Bruyère meurt d'une attaque d'apoplexie, à Versailles, en 1696, à l'âge de cinquante et un ans.

Avenue La Fontaine

L'ancienne route de l'Orangerie prit le nom du fabuliste bien connu Jean de La Fontaine, né en 1621 à Château-Thierry où son père est alors maître des Eaux et Forêts. Après des études de droit, il achète un office de maître des Eaux et Forêts et hérite de celui de son père, mais tous deux se révèlent peu rentables. Présenté au surintendant des Finances Nicolas Fouquet, il devient son protégé et, lorsque celui-ci est disgracié et emprisonné par Louis XIV, La Fontaine prend sa défense dans une *Ode au roi*. Poursuivi par la vindicte de Colbert, il s'exile à Limoges. De retour à Paris, il publie 27 *Contes et Nouvelles* entre 1664 et 1667, puis un premier ensemble de 126 *Fables* inspirées par Esope en 1668. En 1673, La Fontaine s'installe chez madame de La Sablière où il demeure pendant vingt ans. Elu en 1683 à l'Académie française au fauteuil de Colbert, il fréquente les écrivains de son temps : madame de La Fayette, madame de Sévigné, Boileau, Molière, Racine et La Rochefoucault. A la fin de sa vie, il renie ses *Contes* licencieux et décède en 1695.

Avenue La Rochefoucauld

Le moraliste François VI, duc de La Rochefoucauld, prince de Marcillac, naît le 15 décembre 1613 à Paris. Son père lui fait embrasser la carrière des armes dès l'âge de 16 ans comme maître de camp du régiment d'Auvergne. Exilé à Blois avec son père, il épouse mademoiselle de Vivonne qui lui donne huit enfants. Participant à toutes les intrigues contre Richelieu, il est incarcéré huit jours à la Bastille puis exilé sur sa terre de Verteuil. A la mort de Richelieu en 1642, il revient à Paris. Il participe au siège de Mardick avec l'armée du duc d'Enghien, où il est blessé. Il devient, avec le prince de Condé, un des meneurs de la Fronde jusqu'à une blessure qui manque lui faire perdre la vue. Sous le règne de Louis XIV, La Rochefoucauld cesse ses intrigues et se consacre à la littérature. Ses *Maximes* publiées pour la première fois en 1665 lui apportent la consécration littéraire. Elles sont constamment enrichies et rééditées jusqu'à sa mort le 17 mars 1680 à Paris.

Avenue Lesage

Romancier picaresque, Alain-René Lesage (1668-1747) est d'abord avocat puis secrétaire de l'abbé de Lyonne qui encourage sa carrière littéraire. Ses premiers ouvrages sont cependant des échecs et il faut attendre *Les nouvelles aventures de l'admirable Don Quichotte de la Manche* (1704) pour qu'il connaisse le succès. Un autre de ses romans, *Le diable boiteux* (1707), devient une des meilleures ventes du siècle. Sa satire des milieux financiers, *Turcaret* (1709), reçoit le soutien du duc d'Orléans. La parution de son chef-d'œuvre, *L'histoire de Gil Blas de Santillane*, en plusieurs volumes, s'échelonne de 1715 à 1735. Lesage publie d'autres sommes romanesques : *l'Histoire de Guzman Lanfarache* (1732), *Les aventures de Robert Chevalier, dit de Beauchêne* (1732) et *l'Histoire d'Estévanille Gonzalez surnommé le Garçon de bonne humeur* (1734-1741).

Avenue Marivaux

L'auteur dramatique Pierre Carlet de Chamblain de Marivaux naît à Paris le 4 février 1688 et passe son adolescence à Riom où son père est directeur de la monnaie. Il abandonne ses études de droit et commence une carrière littéraire en publiant, en 1712, une pièce de théâtre : *Le père prudent et équitable*. Marié en 1717, veuf six ans plus tard, il vit à Paris où il fréquente les salons de madame Lambert et de madame de Tencin. Ses pièces sont jouées à la Comédie-Française et au théâtre des Italiens. Ses comédies les plus célèbres sont : *La double inconstance* (1723), *Le jeu de l'amour et du hasard* (1730) et *Les fausses confidences* (1737). Marivaux est élu à l'Académie française en 1742 et meurt à Paris le 12 février 1763.

Avenue Molière

L'avenue Molière, une des plus anciennes voies du parc, a porté différents noms au cours des siècles. C'est une portion de l'ancien chemin de l'Ormoye qui mène, comme son nom l'indique, à un lieu planté d'ormes. Elle s'appelle aussi chemin du Moulin, moulin qui se trouve au XIVe siècle sur l'île de la Gourdine, à l'extrémité du champ de courses face à la Frette. Les soubassements de ce moulin seront retrouvés dans la Seine par un scaphandrier lorsque l'île de la Gourdine sera arasée en 1923. Elle se nomme encore chemin de Garenne car elle longe la garenne qui figure sur la carte de Nicolas de Fer (1704) à hauteur de l'actuelle avenue Béranger. Aujourd'hui, elle porte le nom de l'illustre auteur dramatique et comédien français Molière, de son vrai nom Jean-Baptiste Poquelin. Né à Paris le 15 janvier 1622, Molière fait ses études chez les jésuites au collège de Clermont, collège que fréquentent les fils de la noblesse et de la riche bourgeoisie, et se prépare au métier d'avocat. Contre l'avis de son père, il renonce à cette carrière pour le théâtre et fonde, en 1643, avec sa maîtresse Madeleine Béjart, la compagnie L'Illustre Théâtre. Les débuts désastreux entraînent, pour dettes impayées, son incarcération au Châtelet en 1645. Libéré, il part jouer en province et écrit à Lyon en 1655 sa première comédie, *l'Etourdi*. En 1658, la troupe, privée du soutien de son dernier protecteur le prince de Conti, décide de rentrer à Paris. Ce n'est que le

24 octobre 1658 qu'elle se produit devant Louis XIV et qu'elle obtient la jouissance de la salle du Petit-Bourbon, où Molière remporte son premier succès l'année suivante avec *Les précieuses ridicules*. A partir de 1660, la troupe s'installe au Palais-Royal où Molière joue jusqu'à sa mort en 1673, à l'âge de 51 ans.

Jusqu'en 1935, pour emprunter l'avenue Molière, les véhicules doivent franchir le fossé du château par le pont du Saut du Loup. Pour élargir le début de l'avenue la municipalité décide la suppression de ce pont et fait combler le fossé.

Avenue et place Montaigne

Michel Eyquem (1533-1592) naît au château de Montaigne, en Dordogne. Après des études de droit, il est conseiller à la cour des aides de Périgueux (1554) puis au parlement de Bordeaux (1557). Il se marie avec Françoise de La Chassaigne et, à la mort de son père, prend le nom du château. A la mort de La Boétie dont il était l'ami, il s'occupe de la publication de ses écrits. Montaigne renonce à sa charge de magistrat en 1570 et se retire dans sa bibliothèque pour rédiger ses *Essais* dont la première édition paraît à Bordeaux en 1580. Parti se faire soigner de la gravelle dans plusieurs villes d'eaux en Europe, il est élu maire de Bordeaux en son absence, fonction qu'il exerce de 1581 à 1585. En 1586, il travaille à une nouvelle édition des *Essais* et se rend à Paris en 1588 pour la faire paraître. Embastillé par le parti de la Ligue et immédiatement libéré, il rencontre Marie de Gournay qui devient sa fille adoptive. Montaigne décède en 1592 et c'est sa fille qui fait paraître trois ans plus tard l'édition posthume des *Essais*.

Avenue Montesquieu

Charles de Secondat, baron de Montesquieu (1689-1755), occupe après des études de droit la charge de conseiller au parlement de Bordeaux en 1714. Son oncle lui lègue deux ans plus tard celle de président à mortier de ce parlement. En dehors de son métier de magistrat, Montesquieu se passionne pour les sciences, la politique et la philosophie qui lui inspirent plusieurs traités. Son premier chef-d'œuvre, *Les lettres persanes*, est publié de façon anonyme en 1721 à Amsterdam afin de préserver sa réputation. Après son élection à l'Académie française en 1727, il voyage en Europe de 1728 à 1731 et séjourne près de deux ans en Angleterre. A son retour, il s'attelle à l'écriture de *De l'esprit des lois* qui est publié à Genève en 1748 avec un énorme retentissement. Pratiquement aveugle, Montesquieu s'éteint le 10 février 1755.

Avenue Pascal

Blaise Pascal naît le 19 juin 1623 à Clermont en Auvergne où son père est président de la cour des Aides. A la mort de sa femme, celui-ci vient s'installer avec sa famille à Paris

en 1631, où il fréquente avec son fils l'Académie de mathématiques. Surdoué, Blaise Pascal retrouve seul les 32 premières propositions d'Euclide à l'âge de 12 ans. Il suit son père qui est nommé à Rouen en 1639 commissaire pour l'impôt pour la Haute-Normandie. Afin d'aider son père dans sa comptabilité, il invente en 1645 la machine arithmétique. A partir de 1646, il procède à ses expériences sur le vide dont il publie les résultats l'année suivante. A la mort de leur père, sa sœur Jacqueline entre à Port-Royal et, dans la nuit du 23 novembre 1654, Pascal a une illumination qui l'amène à faire deux retraites aux granges de l'abbaye. Il soutient les jansénistes contre la Sorbonne en publiant *Les provinciales*, puis il entreprend la rédaction d'une *Apologie de la religion chrétienne* dont les fragments sont réunis dans les *Pensées*. A la fin de sa vie, il fonde à Paris avec le duc de Roannez des lignes de carrosses, ancêtres de nos transports en commun. Pascal décède le 19 août 1662. Il n'a pas quarante ans.

Avenue Picard
Louis-Benoît Picard (1769-1828) est le fils d'un avocat au parlement. Très jeune il se passionne pour le théâtre. A partir de 1789, il écrit des pièces et obtient son premier succès en 1792 avec *Les Visitandines*. Il entre à la Comédie-Française puis devient directeur de théâtre en 1800. Picard a écrit une centaine de pièces où il raille les mœurs bourgeoises de son époque.

Avenue Rabelais
François Rabelais (1483-1553) est le fils d'un riche avocat, le baron de Lerné. Moine franciscain à partir de 1510, il fait la connaissance de Pierre Amy et d'André Tiraqueau qui l'initient à l'hellénisme. La Sorbonne interdisant en 1523 la lecture des livres grecs, il passe alors dans l'ordre des Bénédictins. Après des études de médecine à Montpellier en 1530, Rabelais quitte l'habit monastique et devient médecin à l'hôtel-Dieu de Lyon en 1532. La même année il publie *Pantagruel*, puis *Gargantua* en 1534 et le *Tiers Livre* en 1543. Tous trois sont condamnés par la Sorbonne malgré l'approbation de François Ier pour le dernier ouvrage. Le *Quart Livre* paraît en deux temps : 1546 et 1552. De même, après sa mort, le *Cinquième Livre* paraît en 1562 et 1564.

Avenue Racine
Le dramaturge Jean Racine naît le 21 décembre 1639 à La Ferté-Milon où son père est greffier. Orphelin très jeune, sa grand-mère maternelle confie son éducation aux Petites Ecoles de Port-Royal où il étudie les auteurs grecs et latins. Après avoir envisagé une carrière ecclésiastique, il s'installe à Paris pour se consacrer à la littérature. Il fait jouer en 1664 sa première tragédie, *La Thébaïde*, par la troupe de Molière. L'année suivante, il préfère confier sa pièce *Alexandre le Grand* à la troupe de l'Hôtel de Bourgogne, se fâchant ainsi définitivement avec Molière. Un de ses anciens maîtres ayant condamné le théâtre dans un pamphlet, il rompt avec Port-Royal en 1666. Pendant dix ans, Racine va écrire une succession de chefs-d'œuvre dont *Andromaque* (1667), *Britannicus* (1669), *Bérénice* (1670), *Iphigénie* (1674) et *Phèdre* (1677). Il est élu à l'Académie française en 1673 puis nommé biographe du roi en 1677. La même année, il se marie et se réconcilie avec Port-Royal. A la demande de madame de Maintenon, il écrit *Esther* en 1689 et *Athalie* en 1698 pour ses élèves de l'Institution de Saint-Cyr. Racine décède le 21 avril 1699 et, selon son vœu, est enterré à Port-Royal.

Avenue Regnard

Auteur de comédies, Jean-François Regnard (1655-1709) est le fils d'un riche marchand parisien. Après ses études, il part vivre deux ans à Constantinople puis voyage en Italie. Il est enlevé en Méditerranée par les barbaresques et vendu comme esclave à Alger avant d'être libéré contre le versement d'une rançon. Il parcourt ensuite l'Europe avant d'acheter une charge de trésorier de France en 1683, ce qui va lui assurer une aisance matérielle. Regnard écrit alors des pièces pour le Théâtre-Italien, puis à partir de 1694 pour le Théâtre-Français. Après sa première grande comédie, *Le joueur*, en 1696, il écrit une douzaine de pièces dont la dernière, *Le légataire universel*, en 1708, est considérée comme son chef-d'œuvre. Son théâtre plus proche de la farce que de la comédie explique la phrase de Voltaire : *« Qui ne se plaît avec Regnard n'est pas digne d'admirer Molière. »*

Avenue Jean-Baptiste Rousseau

Jean-Baptiste Rousseau (1671-1741) est le fils d'un cordonnier. Bien oubliées de nos jours, ses pièces de théâtre et ses odes religieuses lui valent de son vivant une réelle renommée littéraire. Mais, à cause de son caractère difficile, il se fait beaucoup d'ennemis. Lorsqu'il se présente en 1707 à l'Académie française, on lui prête des couplets calomnieux contre plusieurs de ses confrères. Jugé coupable par le Parlement, il est condamné en 1712 au bannissement à perpétuité. Jean-Baptiste Rousseau part vivre tristement en Suisse, puis à Vienne, à Bruxelles et en Angleterre. Rentré en France en 1738, il ne parvient pas à se faire réhabiliter. Il retourne à Bruxelles où il meurt en 1741.

Avenue Jean-Jacques Rousseau

Jean-Jacques Rousseau naît le 28 juin 1712 à Genève. Après quelques années comme apprenti graveur, il se rend à Annecy où il rencontre madame de Warens qui va être successivement, entre 1728 et 1739, sa protectrice puis sa maîtresse. Il se rend à Paris en 1742 comme maître de musique où il rencontre Diderot. Sa vocation littéraire survient en 1749 en lisant le sujet du concours de l'académie de Dijon auquel il décide de participer. Il remporte le prix en rédigeant le *Discours sur les sciences et les arts* dont la publication en 1750 lui assure la célébrité que la musique ne lui a pas apportée. Rousseau compose alors en quelques années ses écrits célèbres : le *Discours sur l'inégalité* (1755), *La lettre à d'Alembert sur les spectacles* (1758), *La Nouvelle Héloïse* (1761), *Emile* (1762), *Du contrat social* (1762). Ce dernier ouvrage est condamné par le parlement de Paris ; il doit s'enfuir en Suisse et en Angleterre. Durant huit ans il mène une vie errante. En proie à un fort sentiment de persécution, il accepte de ne plus rien publier de son vivant, afin de pouvoir revenir vivre à Paris en 1770. Jean-Jacques Rousseau décède le 2 juillet 1778 à Ermenonville. Ses *Confessions* paraissent entre 1782 et 1789, et ses *Dialogues* entre 1772 et 1776. La Convention fait transférer ses cendres au Panthéon en 1794.

Avenue Madame de Sévigné

Marie de Rabutin-Chantal (1626-1696) épouse à 18 ans Henri de Sévigné. De leur union naît en 1646 une fille, Françoise-Marguerite, et deux ans plus tard un garçon. Son mari est tué en duel en 1651. Madame de Sévigné marie sa fille avec le comte de

Grignan en 1669 et, deux ans plus tard, Françoise-Marguerite rejoint son mari en Provence où il a été nommé lieutenant-général par Louis XIV. Cette séparation qui est pour la marquise un véritable déchirement est à l'origine d'une correspondance ininterrompue de 1671 à 1696, dont 764 lettres nous sont parvenues. Les lettres de la marquise de Sévigné représentent un témoignage important de son époque et constituent une des œuvres les plus marquantes du XVIIe siècle français.

Avenue Voltaire

Voltaire fait un séjour au château de Maisons en 1723-1724. « *Monsieur le président de Maisons et moi,* écrit-il en janvier au marquis de Breteuil, *nous fûmes indisposés le 4 novembre dernier. Mais heureusement tout le danger tomba sur moi. Nous fûmes soignés le même jour : il s'en porta bien et j'eus la petite vérole. On m'annonça que le curé du village, qui s'intéressait à ma santé et qui ne craignait pas la petite vérole, demandait s'il pouvait me voir sans m'incommoder. Je le fis entrer aussitôt. Je me confessai et fis mon testament qui, comme vous le croyez bien, ne fut pas long. Après cela, j'attendis la mort avec assez de tranquillité, non toutefois sans regretter de n'avoir pas mis la dernière main à mon poème et à* Marianne, *ni sans être un peu fâché de quitter mes amis de si bonne heure.* »

Le médecin Gervasi sauve Voltaire en lui faisant boire deux cents pintes de limonade. A peine guéri, pour ne pas abuser de ses hôtes, Voltaire décide de regagner Paris :

« *A peine suis-je à deux cents mètres du château, qu'une partie du plancher de la chambre où j'avais été reçu tombe tout enflammée. Les chambres, les appartements qui étaient au-dessous, les meubles précieux dont ils étaient ornés, tout fut consumé par le feu. La perte monte à cent mille livres, et sans le secours des pompes qu'on envoya chercher à Paris, un des plus beaux édifices du royaume allait être détruit. On me cacha cette étrange nouvelle à mon arrivée. Je la sus à mon réveil. Vous n'imaginez pas quel fut mon désespoir. Vous savez les soins*

généreux que monsieur de Maisons avait pris de moi ; j'avais été traité chez lui comme un frère et le prix de tant de bontés était l'incendie du château. Je ne pouvais concevoir comment le feu avait pu prendre si brusquement dans ma chambre où je n'avais laissé qu'un tison presque éteint. J'appris que la cause de cet embrasement était une poutre qui passait précisément sous la cheminée... La poutre dont je parle s'était embrasée peu à peu par la chaleur de l'âtre. Madame et monsieur de Maisons reçurent la nouvelle plus tranquillement que moi. Leur générosité fut aussi grande que leur perte et que ma douleur. Monsieur de Maisons mit le comble à ses bontés en me prévenant lui-même par des lettres, qui font bien voir qu'il excelle par le cœur comme par l'esprit. Il s'occupait du soin de me consoler et il semblait que ce fût moi dont il eût brûlé le château. »

Voltaire avait sûrement en mémoire le souvenir de Maisons lorsqu'il écrivit ces vers célèbres consacrés au temple du goût : « *Simple en était la noble architecture/ Chaque ornement à sa place arrêté,/ Y semblait mis par la nécessité ;/ L'art s'y cachait sous l'air de la nature/ L'œil satisfait apercevait sa structure/ Jamais surpris et toujours enchanté.* »

Les savants

Rue Buffon

Naturaliste, philosophe et écrivain, Georges-Louis Leclerc de Buffon est né en 1707 à Montbard, en Bourgogne. Il étudie d'abord le droit puis il est attiré par les sciences, la botanique et les mathématiques. Il s'installe à Paris en 1732. Ses premiers travaux le font entrer à l'Académie des sciences comme adjoint mécanicien. Puis il devient intendant du jardin du roi en 1739. Il commence alors à travailler à son *Histoire naturelle* qui sera l'œuvre de sa vie. Les trois premiers volumes qui paraissent en 1749 obtiennent un succès considérable. Il devient membre de l'Académie française puis comte de Buffon par la grâce de Louis XV. A sa mort en 1788, Buffon laisse une monumentale *Histoire naturelle* en 36 volumes qui se décompose en quatre ensembles : *Histoire naturelle générale et particulière, Histoire naturelle des Oiseaux, Supplément à l'Histoire naturelle, Histoire naturelle des minéraux* et *Traité de l'aimant.*

Avenue Cuvier

Zoologiste et paléontologue, Georges Cuvier naît en 1769 à Montbéliard alors rattaché au duché de Wurtemberg. Il étudie le droit, l'économie, l'histoire naturelle et l'anatomie de 1784 à 1788 à l'université Caroline près de Stuttgart. Après un premier emploi de tuteur, il se rend à Paris en 1795, à l'invitation du naturaliste Etienne Geoffroy Saint-Hilaire. Il devient professeur de zoologie, professeur assistant d'anatomie au Muséum national d'histoire naturelle et en 1800, il est nommé professeur au Collège de France. Cuvier propose une nouvelle classification des animaux en quatre branches principales et selon trois principes morphologiques. A partir de cette idée, il est capable de reconstituer d'anciennes formes de vie en partant de fragments de fossiles. Son ouvrage, *Le règne animal,* distribué selon son organisation, domine l'histoire naturelle jusqu'à la publication des travaux de Darwin en 1859.

Avenue Lavoisier

Antoine-Laurent Lavoisier naît le 26 août 1743 à Paris, où son père est procureur au Parlement. Licencié en droit en 1764, il devient avocat. Parallèlement à ses études juridiques, il suit des cours de physique et de chimie. Il s'intéresse aussi à la géologie et à la minéralogie. Membre de l'Académie des sciences dès 1768, il est nommé directeur de la Régie des Poudres et Salpêtres en 1776. Lavoisier élabore avec Claude Berthollet une nouvelle nomenclature chimique qu'il décrit en 1787 dans *Méthode de nomenclature*

42 MAISONS-LAFFITTE - Le Parc - Avenue Lavoisier

chimique. Par ses expériences, il démontre aussi la loi de conservation de la matière. Il est membre en 1790 de la Commission pour l'établissement du nouveau système de poids et mesures. Fermier général depuis 1768, il est arrêté sur ordre de la Convention en 1793, jugé, condamné et guillotiné le 8 mai 1794.

Les gens du spectacle

Avenue Auber

Le conseil municipal décide le 22 mars 1963 d'appeler avenue Auber la partie de l'avenue Mademoiselle Mars qui va de l'avenue Général Bonaparte à l'avenue La Fontaine, ainsi que la partie nord du square Le Kain.

Compositeur français, Daniel-François-Esprit Auber est né à Caen en 1782. Elève de Cherubini, il lui succède à la direction du Conservatoire entre 1842 et 1871. Maître de chapelle de Napoléon III, Auber est le dernier représentant de l'opéra-comique français tel que l'avaient conçu Philidor, Monsigny et Grétry. Il choisit Scribe comme librettiste, ce qui lui permet à partir de 1823 de composer près d'une cinquantaine d'opéras (*Le Maçon*, 1823 ; *Fra Diavolo*, 1830 ; *Le Domino noir*, 1837 ; *Manon Lescaut*, 1857). Ces œuvres légères à la mélodie aisée lui permettent d'obtenir un succès continu pendant près de quarante ans.

Son chef-d'œuvre demeure *La Muette de Potici* (1828) ; l'ouverture, les airs et les chœurs transportent le public en 1830 et donnent le signal au soulèvement belge contre les Pays-Bas. Auber décède à Paris en 1871.

Avenue Champmeslé

Le préfet des Yvelines approuve, le 3 juillet 1969, la délibération du conseil municipal du 23 mai 1969 prise sur proposition de l'Association syndicale du parc, de dénommer avenue Marie Champmeslé, la partie de l'avenue Racine située entre l'avenue La Fontaine et l'avenue Madame de Sévigné. Ce tronçon se trouve séparé depuis la construction des logements sociaux du square Le Kain.

Marie Desmares, dite Champmeslé, est née à Rouen en 1642. Artiste dramatique, elle joue au Marais en 1669 puis à l'Hôtel de Bourgogne en 1670 dans les rôles d'Hermine et d'Andromaque. Racine lui confie les rôles de Bérénice, de Monime, d'Iphigénie et de Phèdre. Elle décède à Auteuil en 1698.

Avenue Contat

La comédienne Louise Contat (1760-1813) est l'actrice préférée de Pierre-Augustin-Caron de Beaumarchais, qui lui confie le personnage de Suzanne lors de sa création du *Mariage de Figaro*.

Avenue Destouches

Compositeur français, André-Cardinal Destouches naît à Paris en 1672. Après ses études chez les jésuites, il accompagne à l'âge de 15 ans son professeur, le géographe et mathématicien Tachard, au Siam. A son retour il s'inscrit à l'école de cavalerie, puis s'enrôle chez les mousquetaires du roi. Dans les casernements, il compose sur sa guitare des airs sérieux et à boire qui le font remarquer des princes de Conti et de Vendôme.

En 1694, il démissionne de l'armée et devient l'élève d'André Campra. Sa première œuvre, la pastorale héroïque *Issé*, est jouée en 1697 à l'occasion du mariage du duc de Bourgogne. Destouches est nommé, en 1713, inspecteur général de l'Académie royale de musique, dont il devient directeur en 1718. Après la mort de Louis XIV, il compose de la musique d'église pour le régent. Il décède en 1749 à Paris.

Avenue Favart

Poète et librettiste, Charles-Simon Favart est né à Paris en 1710. Après avoir écrit des comédies légères et des vaudevilles joués à la foire Saint-Germain, il écrit *Bastien et Bastienne* en 1753, œuvre qui est ensuite mise en musique par Mozart. Soutenu par la marquise de Pompadour, il est nommé directeur de l'Opéra-Comique en 1757 et fait la connaissance de Gluck dont il traduit en français l'*Orféo*. Une autre des pièces de Favart, *Les trois sultanes* (1761), inspire à Haydn sa symphonie n° 63 : *La Roxalane*. Elle connaît, ainsi que *Les moissonneurs* (1768), un immense triomphe. Favart décède en 1792 et son nom sera donné à la salle de l'Opéra-Comique en 1794.

Avenue et square Grétry

Compositeur belge d'opéras-comiques, André-Modeste Grétry (1741-1813) choisit après un séjour à Rome de 1759 à 1767 d'exercer son art en France. Il est admiré de Robespierre puis de Napoléon ; quarante opéras-comiques représentés à Paris ainsi qu'aux châteaux de Versailles et de Fontainebleau ponctuent sa carrière. Ses plus grands succès sont *Zémir et Azor* (1771) et l'*Amant jaloux* (1778).

Avenue Lablache

Louis Lablache est né le 6 décembre 1795 à Naples. Il est admis à douze ans au conservatoire de la ville où il a les meilleurs maîtres. Il épouse le 3 octobre 1814 à Saint-Joseph de Naples, Marie-Thérésa Pinotti, fille d'un comédien renommé. Elle le fait engager au théâtre de Palerme puis en 1817 à la Scala de Milan. Ayant établi sa réputation par un travail acharné pour corriger son accent napolitain, Lablache chante à Venise, à Vienne, à Parme, et enfin à Paris où il s'établit en 1830. Il achète le 1er août 1853 une vaste parcelle de 15 000 mètres carrés dans le parc de Maisons-Laffitte. Devenu propriétaire, il fait aussitôt construire une grande maison de maître aux 39 et 41 avenue Albine, ainsi que de nombreuses dépendances : un bâtiment comprenant deux écuries, une grande remise, un logement de jardinier, deux bassins empoissonnés et alimentés en eau de Seine.

La maison principale est élevée vraisemblablement au cours de l'année 1854. Au sous-sol se trouvent la cave à vins, la cuisine, l'office et la salle à manger pour les domestiques. Au rez-de-chaussée surélevé se trouvent autour du vestibule et de la cage d'escalier, un grand salon, une salle à manger, une salle de billard, un office et des aisances. Au premier étage il y a cinq chambres, trois cabinets de toilette et deux aisances ; au second une lingerie, une grande chambre de maître et quatre chambres de domestiques. Louis Lablache reste jusqu'en 1857 à Paris. Doué d'une voix puissante et pleine de nuances, il crée la plupart des grands opéras de l'époque. Ses engagements parisiens lui permettent de nombreux séjours à Londres, où il chante souvent devant la famille royale, et des déplacements dans les grandes capitales européennes. Atteint par le décès de sa femme survenu à Maisons le 23 juillet 1856, frappé d'une extinction de voix, Lablache ne peut se soigner. Il tente un retour au pays natal mais expire presque aussitôt arrivé à Naples, le 23 janvier 1858. Son corps est ramené à Maisons où il repose dans une chapelle du cimetière. (Source : Pierrre-Yves Louis.)

Avenue Adrienne Lecouvreur

Elle s'appelle d'abord avenue des Entrepreneurs. La tragédienne Adrienne Lecouvreur est née en 1692 près d'Epernay dans une famille d'ouvriers. Très tôt attirée par les planches, elle se fait remarquer par son jeu sensible et sa diction naturelle, en totale rupture avec la déclamation emphatique conventionnelle. Entrée en 1717 à la Comédie-Française où elle interprète avec succès Corneille, Racine et Voltaire, elle triomphe en 1724 dans *Marianne*. Empoisonnée par une rivale, l'Eglise lui refuse des obsèques religieuses comme elle l'avait déjà fait pour Molière. Son corps est enseveli dans un terrain vague près des berges de la Seine dans la nuit du 22 au 23 mars 1730. Sa vie tragique inspire en 1849 une pièce à Scribe et Legouvé, qui sera interprétée plus tard par Rachel et Sarah Bernhardt.

Avenue Le Kain

Cette avenue s'appelait route Madame en 1820.

Comédien, sociétaire de la Comédie-Française, Henri-Louis Cain dit Le Kain (1729-1778) a le souci d'avoir un jeu naturel, la mise en scène devant être aussi proche que possible de la vérité. Il obtient en 1759 la suppression des banquettes qui, depuis le XVIIe siècle, encombrent la scène.

Avenue Mademoiselle Mars

De son vrai nom Anne-Françoise-Hippolyte Boutet (1779-1847), cette actrice admirée par Napoléon Ier joue les rôles d'ingénues et de coquettes de Molière et de Marivaux à la Comédie-Française de 1799 à 1838. Puis elle se prête à la révolution romantique en jouant dans les pièces d'Alexandre Dumas et de Victor Hugo.

Avenue Méhul

Né à Givet, dans les Ardennes, le compositeur Etienne Méhul (1763-1817) arrive à Paris en 1778. Deux ans plus tard, il obtient un succès avec *Euphrosine et Corradin* joué à l'Opéra-Comique. Pendant la Révolution, il est l'auteur du célèbre *Chant du départ*. Puis sous le Directoire, le Consulat et l'Empire, il produit une œuvre dramatique considérable qui influence Weber, Mendelssohn et Berlioz.

Avenue de la Pelouse

Elle s'appelle d'abord avenue Mademoiselle Daumesnil, du nom d'une actrice. Pour ne pas la confondre avec l'autre avenue de même nom, on lui donne le nom d'avenue de la Pelouse lorsque le haras d'Anatole Barthélémy est englobé dans les installations de l'hippodrome.

Avenue de Préville

Le comédien Pierre-Louis Dubus, dit Préville, naît le 19 septembre 1721 à Paris où son père est maître tapissier. S'étant enfui du foyer paternel, il est recueilli par monsieur de Vaumorin qui pourvoit à son éducation. A la mort de son protecteur, Dubus prend le nom de Préville et s'engage dans une troupe de campagne. Remarqué par Monnet, il joue à la foire Saint-Laurent puis dirige le théâtre de Lyon. Il monte ensuite à Paris où ses cinq rôles du *Mercure Galant* attirent l'attention de Louis XV. Sa diction parfaite lui permet de jouer aussi bien l'ancien répertoire que le nouveau. Après 33 ans de carrière, il se retire le 11 mars 1786 à Senlis. Après un bref retour sur scène cinq ans plus tard, il se retire à Beauvais où il décède le 18 décembre 1799.

Les gens d'Eglise

Avenue Bossuet

Jacques Bénigne Bossuet est né à Dijon en 1627. Destiné de bonne heure à la carrière ecclésiastique, il est tonsuré à l'âge de huit ans. Il effectue ses études théologiques au collège de Navarre à Paris. Une fois prêtre et docteur, il devient chanoine de Metz. A partir de 1656 et jusqu'en 1670, il s'impose comme prédicateur à Paris et auprès de la cour. En 1670, il devient le précepteur du Dauphin pour lequel il écrit des ouvrages pédagogiques comme le *Discours sur l'histoire universelle* ou *Le traité de la connaissance de Dieu et de soi-même*. Il est nommé évêque de Meaux en 1681 et le reste jusqu'à sa mort en 1704. Bossuet joue un rôle important par ses interventions dans les querelles ecclésiastiques ou théologiques de son époque, ainsi que par ses ouvrages polémiques.

Avenue Bourdaloue

Louis Bourdaloue, né en 1632, est l'un des plus grands prédicateurs du siècle de Louis XIV. Il fait ses débuts à Paris en 1669. Ses sermons provoquent un engouement extraordinaire aussi bien à la ville qu'à la cour où, tous les deux ans environ, de 1670 à 1693, il prêche un carême ou un avent. Il apprend ses sermons par cœur et les récite les yeux fermés. Il frappe fort par une morale exigeante et un style austère suivant la rigueur logique de son argumentation. Il frappe juste, grâce à la subtilité de ses analyses, à la finesse de ses portraits (dont le public s'ingénie à découvrir les modèles) et au choix de ses sujets. Il adapte ses sermons à la condition et aux vices de son auditoire (*Sermon sur la médisance* où l'on évoque Pascal ; allusion à Molière et au Tartuffe dans le *Sermon sur l'hypocrisie* ; etc.) Après 1696, il se voue essentiellement aux œuvres de charité. Il décède à Paris en 1704.

MAISONS-LAFFITTE. — Avenue Bourdaloue, Pavillon du Nord (XVIIe siècle).

Avenue Fénelon

Archevêque, théologien mystique, François de Salignac de La Mothe-Fénelon est né le 6 août 1651 dans une famille de la noblesse périgourdine qui a donné à l'Eglise neuf évêques et archevêques. Après des études au séminaire Saint-Sulpice, il est nommé en 1678 supérieur des Nouvelles Catholiques, institution qui a pour but d'instruire les jeunes protestantes nouvellement converties. L'édit de Nantes étant révoqué en 1685, on l'envoie en Saintonge convertir les protestants. La protection de Bossuet lui permet d'être nommé précepteur du duc de Bourgogne, petit-fils de Louis XIV. Pour son élève, il écrit des *Fables*, des *Essais philosophiques* et son livre le plus célèbre : *Les aventures de Télémaque* (1699). Archevêque de Cambrai en 1694, il s'oppose à Bossuet sur le quiétisme. Pour lui, l'abandon de soi à Dieu est le centre de la religion. Son livre des *Maximes des saints* ayant été condamné par le pape Innocent XII en 1699, Fénelon se soumet et se retire à Cambrai où il meurt le 7 janvier 1715.

Avenue Fléchier

Considéré comme un des plus grands prédicateurs du XVIIe siècle, Esprit Fléchier naît en 1632 à Pernes, dans le comtat Venaissin. Reçu en 1648 dans la congrégation de la Doctrine chrétienne, il y poursuit ses études durant près de dix ans. Précepteur dans la famille du conseiller d'Etat Caumartin en 1659, il devient lecteur du Dauphin en 1671 et entre à l'Académie française en 1673. Ses oraisons funèbres connaissent un réel succès. Aumônier de madame la dauphine, il est nommé évêque en 1685. Après la révocation de l'édit de Nantes, son esprit de tolérance vis-à-vis des protestants transparaît dans ses *Mandements* et ses *Lettres pastorales*. Fléchier cherche à analyser avec justesse dans ses prédications, les méandres de l'âme humaine. Il décède en 1710.

Avenue Mascaron

Prélat et prédicateur, Jules Mascaron (1634-1703) prêche à plusieurs reprises devant la cour. Il prononce notamment les oraisons funèbres d'Anne d'Autriche, d'Henriette-Marie d'Angleterre et de Turenne avec une éloquence qui le rapproche de Fléchier et de Bourdaloue (voir leurs notices). Jules Mascaron est nommé en 1671 évêque de Tulle, puis en 1679 évêque d'Agen.

Avenue Massillon

Prédicateur de la fin du XVIIe siècle, Jean-Baptiste Massillon (1663-1742) n'est ordonné prêtre qu'à l'âge de 29 ans. Il connaît ses premiers succès avec les oraisons funèbres de l'archevêque de Vienne, monsieur de Villars, en 1691, et de l'archevêque de Lyon, monsieur de Villeroy, en 1693. On lui demande de prêcher à l'oratoire de la rue Saint-Honoré à Paris, en 1698. Devenu prédicateur de la cour, il prononce l'oraison funèbre du prince de Conti en 1710, celle du Dauphin en 1715 et celle de Louis XIV. Nommé évêque de Clermont par le régent, Massillon rédige pour le jeune Louis XV une suite de sermons sur les devoirs des grands de ce monde. Il est reçu à l'Académie française en 1719. Retiré près de Clermont, il décède en 1742, léguant tous ses biens à l'hôtel-Dieu.

Passage Reignat

Adolphe Reignat est ordonné prêtre le 23 mai 1869 à Versailles. A la suite du décès du curé Placet, il est nommé curé de Maisons-Laffitte le 18 août 1888. Tout au long de son ministère, le chanoine Reignat se consacre au développement des vocations sacerdotales. Il est à l'origine de plus de trente ordinations. A Maisons, il dote l'église Saint-Nicolas d'une sacristie et d'un orgue Mutin-Cavaillé-Coll aujourd'hui classé. C'est lui qui achète la parcelle de terrain située face à l'église Saint-Nicolas pour la transformer en passage donnant directement accès au parc. Avant son départ en juillet 1919, il vend le passage à l'Association syndicale du parc pour 4 000 francs. Il démissionne de la cure de Maisons pour raison de santé le 13 juillet 1919 et se retire à Saint-Cloud où il décède le 8 février 1924 à l'âge de 81 ans. Il est enterré au cimetière de Maisons.

Avenue Cardinal de Retz

Paul de Gondi (1613-1679), futur cardinal de Retz, se fait connaître en 1639 par un récit, *La conjuration du comte de Fiesque*, dont la mise en circulation de copies manuscrites plus subversives que l'original inquiète Richelieu. Quand la Fronde débute en 1648, il écrit des pamphlets, dont sa *Remontrance au roi*, qui lui valent d'être emprisonné en 1652. Retz s'évade deux ans plus tard et se réfugie à Rome où il participe au conclave de 1655. Chassé d'Italie, il mène une vie errante jusqu'à la mort de Mazarin. Il rentre d'exil en 1661 dans son château de Commercy où il se consacre à l'écriture de ses mémoires. Il se rend aux conclaves de 1667, 1669 et 1676. Il meurt en 1679 et est inhumé à Saint-Denis. Les *Mémoires* du cardinal de Retz ne sont publiés qu'en 1717.

Les hommes d'Etat

Avenue Jacques Cœur

Homme de commerce, Jacques Cœur est né à Bourges en 1395. Il spécule sur les monnaies et développe des relations d'affaires avec le sultan d'Egypte. Il est successivement fermier des Monnaies en 1429, maître de la Monnaie de Bourges en 1435 et argentier du roi en 1445 qui l'a anobli en 1441. Créancier du roi et des hauts personnages de la cour, il suscite de nombreuses jalousies. Jacques Cœur est arrêté en juillet 1451, sous l'accusation d'avoir fait empoisonner la favorite du roi, Agnès Sorel. Bien que lavé de cette accusation, il est convaincu de malversations et sa fortune lui est confisquée. Il s'évade en 1454 et demande asile au pape Nicolas V. Le nouveau pontife Calixte III lui confie une flotte pour aller combattre les Turcs, expédition au cours de laquelle Jacques Cœur trouve la mort dans l'île de Chio, en 1456.

Place Colbert

Elle est dénommée en 1820 carrefour de la Frette. Jean-Baptiste Colbert (1619-1683) est issu d'une dynastie de marchands, de banquiers et de financiers. Après son apprentissage chez un banquier à Lyon et un notaire à Paris, il devient en 1640 commissaire des Guerres. Il passe au service de Mazarin dont il gère les biens. Progressivement, ce travailleur infatigable cumule les responsabilités : surinten-

dant des Bâtiments, Arts et Manufactures, contrôleur général des Finances, secrétaire à la Maison du roi et à la Marine. Il développe les manufactures, sources de richesses. Colbert favorise ainsi la création des tapisseries de Beauvais, des Gobelins, des glaces de Saint-Gobain ou des soieries de Lyon en leur accordant des privilèges à l'exportation. Par son entremise, la Compagnie des Indes orientales et la Compagnies des Indes occidentales sont fondées en 1664. Dans le domaine des arts et des sciences, on lui doit la création de l'Académie des inscriptions et belles lettres en 1663, de l'Académie des sciences en 1666 et de l'Observatoire de Paris en 1667.

Avenue et place Sully

Maximilien de Béthune, duc de Sully (1560-1641), est une des figures les plus connues de l'histoire de France. Né dans une famille protestante à Rosny-sur-Seine, il accompagne le futur Henri IV jusqu'à son accession au trône. Il est nommé surintendant général des Finances en 1596, charge qu'il exerce jusqu'à la mort du roi en 1610. A partir de 1599, il est aussi grand maître de l'artillerie et des fortifications. Sa gestion financière empreinte de rigueur permet de renflouer les caisses de l'Etat et de baisser la taille. Tous les élèves se souviennent de son adage *« labourage et pâturage sont les deux mamelles de la France »*. Après l'assassinat d'Henri IV, Sully fait partie du conseil de Régence jusqu'en 1616 avant de se retirer dans ses châteaux de Sully-sur-Loire et de Villebon.

Les grands chefs militaires

Avenue Jean Bart
Illustre corsaire, Jean Bart est né en 1650 à Dunkerque dans une famille de marins d'origine flamande. Il navigue d'abord au service de la Hollande mais regagne Dunkerque au début de la guerre franco-hollandaise en 1672. Il s'embarque alors comme corsaire au service de Louis XIV. Combattant redoutable, sa réputation atteint son zénith pendant la guerre de la ligue d'Augsbourg (1686-1697). Capitaine de vaisseau en 1689, il multiplie les attaques contre les commerces anglais et hollandais et, en 1694, alors que la France souffre de la disette, il force le blocus anglais et reprend aux Hollandais un convoi de blé russe. Ses exploits lui valent d'être anobli par Louis XIV et d'être promu chef d'escadre en 1697. Jean Bart meurt en 1702, à la veille d'entrer en campagne dans la guerre de succession d'Espagne.

Avenue Catinat
Le maréchal de France Nicolas de Catinat est né à Paris en 1637. Homme de foi, d'honneur et de caractère, ses soldats le surnomment « le père la pensée » car il se livre toujours à de profondes réflexions avant de livrer bataille. Il est vainqueur du duc de Savoie à Staafarde en 1690, puis à La Marvaille en 1693. Battu par le prince Eugène à Capri en 1701, il est disgracié. Catinat se retire dans son château de Saint-Gratien près du lac d'Enghien où il décède en 1712.

Place Charlemagne
Elle apparaît la première fois sur une carte non datée, probablement d'avant 1718, conservée aux Archives nationales. Elle correspond alors au carrefour de l'Orangerie.

Charlemagne vient du latin Carolus Magnus qui signifie Charles le Grand. Petit-fils de Charles Martel, fils aîné de Pépin le Bref, Charlemagne est né en 742. A la mort de son père, le royaume est partagé entre son frère Carloman et lui. Il reçoit l'Austrasie, la Neustrie et l'Aquitaine maritime, tandis que la Provence, la Septimanie, la Bourgogne, l'Alsace, l'Alémanie et l'Aquitaine intérieure reviennent à son frère. Les deux rois ne s'entendent pas et c'est la mort de Carloman en 771 qui évite la guerre entre les deux royaumes. Charlemagne s'empare alors du royaume de son frère au détriment de ses neveux. Puis il conquiert successivement la Lombardie, la Westphalie, la Bavière et la Catalogne. En l'an 800, il se fait couronner empereur d'Occident à Saint-Pierre de Rome

par le pape Léon III. Il établit sa capitale à Aix-la-Chapelle et administre son empire en envoyant en inspection des *missi dominici*. Charlemagne décède le 28 janvier 814. Sur l'initiative de l'empereur Frédéric Barberousse, il est canonisé le 29 décembre 1165.

Avenue Forbin

Claude Forbin-Gardanne naît en 1656 à Gardanne dans une famille de la noblesse provençale qui a donné de nombreux officiers à la marine. Il sert d'abord dans les galères de son oncle où il participe à la campagne de Sicile en 1676. Après un séjour chez les mousquetaires, il embarque pour les campagnes du Portugal (1679), des Antilles (1680) et d'Alger (1682). Chargé d'accompagner l'ambassadeur envoyé auprès du roi de Siam, il plaît à celui-ci qui le nomme gouverneur de Bangkok et amiral de la flotte siamoise. Rentré en France en 1688, il combat avec Jean Bart la flotte anglaise. Faits prisonniers, ils s'évadent et regagnent tous les deux la France. Puis il s'illustre lors de la guerre de la succession d'Espagne. Chargé en 1708 de conduire en Ecosse le prétendant Stuart au trône d'Angleterre, il échoue et cesse de naviguer. Forbin décède près de Marseille le 4 mars 1733.

Avenue Du Guesclin

Le connétable de France Bertrand Du Guesclin, une des grandes figures de la guerre de Cent Ans, naît vers 1320 à La Motte-Broons, près de Dinan. Après avoir débuté sa carrière militaire au service de Charles de Blois, duc de Bretagne, il combat à partir de 1350 pour le compte du roi de France, Charles V. Lorsqu'il est fait prisonnier à la bataille d'Auray, le roi paie sa rançon et le charge d'éloigner de France les grandes compagnies de mercenaires qui se livrent au pillage. Du Guesclin les emmène en Espagne où il conquiert le trône de Castille pour Henri de Trastamare. Fait connétable de France en 1370, Du Guesclin parvient à chasser les Anglais du Poitou, de Saintonge, de Guyenne et de Normandie. La maladie l'emporte en 1380 lors du siège de Châteauneuf-de-Randon, en Auvergne.

Avenue de Suffren

Pierre-André de Suffren de Saint-Tropez (1729-1788), dit le bailli de Suffren, entre dans la marine en 1743. Il combat les Anglais pendant la guerre de succession d'Autriche ainsi que durant la guerre de Sept Ans (1756-1763). Devenu bailli dans l'Ordre de Malte, il s'illustre sous les ordres du comte d'Estaing dans la guerre d'Indépendance américaine en 1778 et 1779. Il prend le commandement de l'escadre des Indes à la mort du comte d'Orves dont il était le second. Il livre avec succès plusieurs combats contre la flotte du contre-amiral Hughes, sans réussir cependant à détruire l'escadre ennemie. Suffren rentre en France en 1783. Cinq ans plus tard, il est tué au cours d'un duel.

Avenue et place de Turenne

La place Turenne s'appelle le carrefour du Diable en 1820. Henri de La Tour d'Auvergne, vicomte de Turenne, naît à Sedan le 11 septembre 1611 dans une famille calviniste. Son père est le duc de Bouillon, maréchal de France, et son grand-père maternel est Guillaume d'Orange-Nassau, dit le Taciturne. Adolescent, il commence sa carrière militaire chez ses oncles à Nassau, en Hollande. Rentré en France, il est nommé colonel d'infanterie en 1630 et participe durant la guerre de Trente Ans à de nombreuses victoires dont la prise de Turin. Mazarin le nomme maréchal de France en 1643. Au moment de la Fronde, il suit le parti de son frère aîné le duc de Bouillon. Battu à Rethel en 1650, il rallie la cause royale et met en déroute les troupes du prince de Condé en 1652. Ses victoires sur les troupes espagnoles en 1654 et 1658 permettent la signature des traités des Pyrénées. Il se convertit au catholicisme en 1668 sous l'influence de Bossuet. Turenne est tué par un boulet de canon en 1675 lors de la bataille de Sasbach dans le Bade-Wurtemberg.

Avenue Vauban

Le (futur) maréchal de France Sébastien Le Prestre de Vauban naît en 1633 à Saint-Léger-de-Foucheret (aujourd'hui Saint-Léger-Vauban) dans l'Yonne. Il commence à 17 ans sa carrière militaire dans le régiment du prince de Condé. Deux ans plus tard, il est fait prisonnier par les troupes royales et se rallie à Mazarin. Après son apprentissage auprès du chevalier de Clerville, commissaire général des fortifications, il est nommé ingénieur du roi en 1655. Sa carrière commence réellement en 1667 avec les sièges de Douai et de Lille. Au cours des guerres de Louis XIV, Vauban dirige 50 sièges, consolide 270 places fortes et construit aux frontières du royaume 30 citadelles. Lieutenant des armées du roi en 1688, il est nommé maréchal de France en 1703. Son projet de dîme royale en 1707, de 10 % sur les terres et le commerce dont nul ne serait exempté, entraîne sa disgrâce peu de temps avant sa mort.

Les hommes de 1789

Rue Bailly

Un des plus grands astronomes du XVIIIe siècle, Jean-Sylvain Bailly, est né en 1736. Auteur d'une monumentale *Histoire de l'astronomie*, il est nommé membre de l'Académie des sciences en 1763, de l'Académie française en 1783, de l'Académie des inscriptions en 1784. Elu député de Paris en 1789, il devient président des Etats

généraux. Il préside ainsi le 20 juin la séance du Jeu de Paume. Après la prise de la Bastille, il est élu maire de Paris. Face aux troubles il devient, avec La Fayette, un des promoteurs de la loi martiale qu'il applique en faisant tirer sur les pétitionnaires venus réclamer la déchéance de Louis XVI le 17 juillet 1791. Devenu très impopulaire, il démissionne de sa fonction de maire, quitte Paris pour Nantes, puis se réfugie à Melun où il est arrêté. Transféré à Paris, il est condamné à mort puis guillotiné le 21 brumaire an II (12 novembre 1793).

Avenue Malesherbes

Premier président de la cour des Aides, Chrétien Guillaume de Lamoignon de Malesherbes (1721-1794) est également directeur général de la Librairie. Responsable à ce titre de la censure des livres, il permet l'achèvement de *l'Encyclopédie* de Diderot et d'Alembert. A l'origine des remontrances de la cour des Aides contre les abus du pouvoir royal et la levée de nouveaux impôts, il est disgracié en 1771. A son avènement, en 1775, Louis XVI le rappelle et le nomme ministre et secrétaire d'Etat de la Maison du roi. Malesherbes soumet les lettres de cachet à un contrôle plus rigoureux mais ne peut freiner les dépenses royales. Il démissionne en 1776 et ne revient au pouvoir comme ministre d'Etat que 10 ans plus tard. Il assure la défense de Louis XVI devant la Convention, ce qui lui vaut d'être arrêté en décembre 1793 et guillotiné avec toute sa famille.

Avenue Mirabeau

Honoré-Gabriel Riqueti, comte de Mirabeau (1749-1791), connaît une jeunesse tumultueuse. Engagé dans l'armée en 1767, il fait des dettes de jeu puis déserte, ce qui lui vaut six mois de citadelle. Il quitte l'armée et épouse en 1771 une héritière provençale. Mais quatre ans plus tard il s'enfuit à Amsterdam avec Sophie de Ruffey, la jeune épouse du vieux marquis de Monnier. Condamné à mort par contumace, il est emprisonné à Vincennes par lettre de cachet. Sa situation lui inspire un *Essai sur les lettres de cachet et sur les prisons d'Etat* (1780). Mirabeau est élu député aux Etats généraux de 1789 par le Tiers-Etat d'Aix-en-Provence. Il participe à la rédaction de la Déclaration de droits de l'homme et du citoyen. Pour éponger ses dettes, il devient conseiller secret de Louis XVI en 1790, à qui il propose un plan pour en finir avec la Révolution. Mirabeau est élu président de l'Assemblée nationale le 30 janvier 1791 mais décède au mois d'avril.

Avenue Tronchet

Avocat au parlement de Paris puis député du Tiers aux Etats généraux de 1789, François-Denis Tronchet (1726-1806) est l'un des trois défenseurs de Louis XVI. Il rédige avec de

Sèze et Malesherbes le mémoire en défense du roi qui est lu devant la Convention le 22 décembre 1792. Après s'être caché sous la Terreur, à la fin de la Convention il est élu au conseil des Anciens dont il devient le président. Bonaparte le désigne, en l'an VIII, membre de la commission chargée de préparer le Code civil. Tronchet est ensuite premier président de la Cour de cassation, puis sénateur en 1801.

Avenue Vergniaud
Pierre Vergniaud (1753-1793) est le fils d'un marchand de Limoges. Avocat au parlement de Bordeaux en 1781, il est élu député à la Législative puis à la Convention. Brillant orateur du parti girondin, il s'en prend à la cour puis à La Fayette. Il vote la mort du roi mais s'oppose aux premières mesures de Salut public proposées par les Montagnards, ce qui le rend suspect aux yeux des sans-culottes. Il est arrêté en juin 1793 et guillotiné au mois d'octobre.

Divers

Caves du Nord
Le carrier Guillaume Presse s'engage par un acte devant notaire le 22 mars 1660, à faire la fouille *« au bout de l'avenue »*, c'est-à-dire à creuser un profond fossé afin de dégager la perspective de la forêt. Il s'agit des Caves du Nord qui constituent *« L'entrée du Roy »* par laquelle le monarque venant de son château de Saint-Germain en traversant la forêt peut se rendre au château de Maisons. Le cirque qui fait face au château est encadré de deux bastions en avancée, précédés d'un grand fossé oblong. Les accès latéraux s'effectuent par deux portes monumentales ornées de pilastres doriques et fermées de grilles. Seule celle de droite, donnant sur le camp Gallieni, est encore en place. De chaque côté sont disposés trois pavillons qui se font face. Seul le pavillon de l'avenue Bourdaloue est parvenu jusqu'à nous, les cinq autres ont été abattus par le maréchal Lannes.

Place du Château
(voir notices rue du Château et avenue du Général Leclerc.)

Avenue Jules Engrand

Jules-Eugène Engrand est né à Béthune le 26 avril 1844. Président de la chambre des avoués, il habite à Paris au 240, rue de Rivoli, mais séjourne aux beaux jours à Maisons-Laffitte au 18, avenue Albine. Syndic de l'Association syndicale du parc à partir de 1888, il en est le président de 1906 jusqu'à son décès survenu le 1er juin 1914. Jules-Eugène Engrand alerte en février 1904 le journaliste André Hallays sur la démolition prochaine du château. L'article de ce dernier dans *le Journal des Débats* du 19 février, lance la campagne de presse qui aboutit au rachat du château par l'Etat le 12 janvier 1905. Il fonde en 1909 la Société des amis du château avec Alfred Foulon, ancien maire de Sartrouville, et Georges Durant, avocat. En 1911, il signe une convention de location des Caves du Nord avec Charles Domergue qui y construit un théâtre en plein air de 2 500 places. Frank Jay Gould offre à l'Association syndicale du parc la réalisation d'une statue équestre et deux vasques de pierre pour l'embellissement des abords de l'hippodrome. Le président Engrand propose à Frank Jay Gould, comme modèle pour la statue, « Dollar », cheval de monsieur Lupin, qui a gagné la Goodwood Cup en 1864. Opposé au maire de Maisons-Laffitte, Maurice Duverdy, depuis plusieurs années et sur de nombreux sujets, Jules-Eugène Engrand fait paraître en 1913 une brochure intitulée *Maisons-le-Château*, où il propose d'ériger le parc en commune indépendante. Le déclenchement de la première guerre mondiale met un terme au projet de sécession. Jules-Eugène Engrand décède le 1er juin 1914 après une longue agonie de quatre semaines. Dans son *Journal*, Roger Martin du Gard note : *« Le beau livre qu'on écrirait en racontant la vie intérieure d'un homme condamné comme monsieur Engrand. »* L'Association syndicale du parc émet le vœu, lors de l'assemblée générale, de donner le nom d'Engrand à une partie de l'avenue Buffon qui longe alors la propriété du défunt président. Mais il faudra attendre l'armistice pour que les syndics, à la réunion du 19 mai 1919, passent commande de cinq plaques de rue au nom d'Eugène Engrand.

Avenue Jean Goujon
Architecte et sculpteur de la Renaissance, Jean Goujon (1510-1566) réalise d'abord, vers 1542, la tribune des orgues de Saint-Maclou à Rouen. Deux ans plus tard, il orne le jubé de l'église de Saint-Germain-l'Auxerrois à Paris. Vers 1547, il reçoit une série de commandes pour la décoration du château d'Ecouen et l'hôtel Carnavalet, tout en réalisant les illustrations de la version française de *Vitruve*. Devenu sculpteur du roi, Jean Goujon exécute son chef-d'œuvre, les six nymphes de la fontaine des Innocents à Paris, et décore la façade de la cour carrée du Louvre. On retrouve l'artiste à Bologne en Italie vers 1563, puis on perd sa trace.

Pont de la 2e DB

Suite au vote favorable des conseils municipaux de Maisons-Laffitte et de Sartrouville, le pont sur la Seine est baptisé du nom de la 2e DB le dimanche 5 octobre 1980, en présence des autorités civiles et militaires et de la maréchale Leclerc (voir notice Général Leclerc).

Les avenues disparues

Un certain nombre d'avenues créées par Jacques Laffitte sont aujourd'hui incluses dans le centre d'entraînement situé entre l'avenue Jacques Laffitte et l'avenue Poniatowski. Leur nom et leur emplacement ne figurent plus sur les plans de la ville depuis 1936. Il s'agit des avenues Parmentier, Nicolas Poussin, Lesueur, Mignard, Puget, David et Lebrun. Le sculpteur Pierre Puget a eu la chance de se voir attribuer une avenue du Petit Parc (voir notice).

L'avenue Bayard se trouve, elle, incluse dans le centre d'entraînement situé entre l'avenue de Turenne et l'avenue Jean-Baptiste Rousseau.

L'avenue Dugazon était encadrée par les avenues Contat et Mademoiselle Daumesnil (de la Pelouse), toutes les trois portant le nom d'actrices. Elle a été supprimée lorsque le haras d'Anatole Barthélémy a été englobé dans les installations de l'hippodrome.

Avenue Richelieu

Elle disparaît définitivement quand l'architecte des Monuments historiques Robert Vassas entreprend à partir de 1956 la restauration des jardins côté Seine. Wilhem Grommé et Elisabeth Heyde, cousins germains et héritiers de Grommé, vendent le

domaine le 10 mars 1904 à la Société anonyme des terrains du château de Maisons-Laffitte, constituée pour l'occasion par Joseph Simondet. Le géomètre Singer, avec le concours des architectes Richter et Thiré, trace un plan de lotissement. Parmi les nouvelles avenues destinées à desservir les parcelles de terrain mises en vente, figure dans l'axe du château l'avenue Richelieu. Après une campagne de presse lancée par le journaliste André Hallays et le président de l'Association syndicale du parc Jules Engrand, le directeur des Beaux-Arts, Henry Marcel, signe le 12 janvier 1905, pour le compte de l'Etat, le rachat du château et d'une parcelle de terrain de 9 653 mètres carrés pour la somme de 200 000 francs. A partir de 1911 et jusqu'en 1933, l'Etat procède à des acquisitions de terrains qui permettent de dégager le monument du lotissement Simondet, qui l'aurait sinon totalement étouffé. Le maire expose ainsi au conseil municipal, le 3 février 1911, que « *L'Etat vient d'acquérir pour la somme de 700 000 francs deux bandes de terrain situées de chaque côté de l'avenue Richelieu afin de porter à 58 mètres la largeur de cette avenue et d'empêcher ainsi que des constructions ne viennent masquer la vue du château. En outre, pour agrémenter la perspective, l'administration des Beaux-Arts se propose, au moyen de ressources de son budget, d'établir une large pelouse au milieu de l'avenue Richelieu, mais demande à la commune de contribuer à cet embellissement, en prenant à sa charge les frais de nivellement et d'empierrement de deux chemins ayant chacun douze mètres de largeur, qui donneront accès au château, en contournant la pelouse en question.* »
Le conseil municipal donne son accord pour faire exécuter les travaux.

LA VILLE

De la rue de la Muette à la rue Jean Mermoz

Rue Champion

Louis Champion décède le 31 juin 1898. Il lègue à la commune une rente de 3 % de mille francs sur l'Etat français, qui chaque année doit être versée à la Saint-Jean d'été à une rosière, jeune fille pauvre, vertueuse, travailleuse et soutien de famille. La municipalité de Maisons-Laffitte tient cet engagement jusqu'en 1955. Le nom du donateur est attribué le 24 février 1899 à la rue du Repos (ancienne rue du Cimetière) qui, de 1852 à 1893, permettait aux habitants de se rendre au cimetière alors situé à l'emplacement actuel du marché.

Rue du Fossé

La rue du Fossé garde le souvenir du fossé que les Maisonnais décident de faire creuser en novembre 1633 afin de protéger leurs cultures des sangliers, biches, cerfs et lapins de la forêt de Saint-Germain. Les travaux sont adjugés à Gérard Boisseau qui exécute l'ouvrage avec cinq autres habitants moyennant 35 sols par perche (22 pieds carrés). Le fossé a 8 pieds de large et 5 pieds de profondeur (un pied = 33 centimètres). La terre enlevée forme une butte du côté du village et des cultures, sur laquelle sont plantés des églantiers et des ronces.

Rue du Maréchal Gallieni
Suite au décès du général Gallieni, ministre de la Guerre depuis 1915 dans le cabinet d'Aristide Briand, le conseil municipal rebaptise le 14 juin 1916 la sente du Parc, entre la rue de la Maison Neuve et la place du Cimetière (actuelle place du Marché), du nom du « Sauveur de Paris ». Gouverneur militaire de Paris lors de la première bataille de la Marne en septembre 1914, sa décision d'envoyer plusieurs milliers de soldats en renfort au général Maunoury en réquisitionnant les taxis parisiens est décisive. Elle permet de repousser les Allemands loin de la capitale qui était à leur portée. Gallieni est fait maréchal de France en 1921, à titre posthume. La rue est élargie en 1926.

Rue Pauline Kreuscher
Pauline Kreuscher, bienfaitrice de la commune, décède le 13 octobre 1896. Elle lègue à la commune 130 000 francs ainsi qu'une villa avenue Lavoisier, à charge pour la ville de constituer un fonds destiné avec d'autres dons à la construction d'un hôpital. Le 21 juin 1897, la commune fait l'acquisition d'un terrain de 12 500 mètres carrés situé rue de la Muette, près du mur de la forêt. A la place de l'hôpital, elle édifie des terrains de sport qui seront remplacés en 1967 par la piscine, le gymnase et le collège Cocteau. Le 25 mai 1898, le conseil municipal donne le nom de Pauline Kreuscher à la portion de la rue du Gros Murger située entre la rue de la Muette et la ligne de chemin de fer. Il décide également que le nom de mademoiselle Kreuscher sera inscrit sur une des plaques de marbre du grand vestibule de la mairie, afin de perpétuer le souvenir de cette bienfaitrice.

Allée Claude Lamirault
La rue longeant la place publique et aboutissant à la rue de la Station (rue Jean Mermoz) reçoit le 21 mai 1902 le nom de rue Littré. Lorsque le marché s'installe définitivement pendant la Grande Guerre sur la place publique, la rue Littré devient la place du Marché.

Aujourd'hui allée Claude Lamirault, elle est inaugurée le 6 juin 1994 par Jacques Myard, député-maire de Maisons-Laffitte, en présence du général Jean Simon, chancelier de l'ordre de la Libération, et de Denise Lamirault dite « La Panthère ».

Claude Lamirault est né le 12 juin 1918 à Paris. Il habite avec ses parents 27, rue Etienne Péroux. Son père est avocat. Mobilisé en 1939, Claude est affecté à sa demande au 2e bureau en Belgique où il fait la liaison avec l'Intelligence Service. En juin 1940, il passe en Angleterre par Gibraltar. A Londres, il rencontre d'Estienne d'Orves qui le met en contact avec les services anglais. Il est parachuté en France en décembre 1940 avec 50 000 francs et un poste émetteur cassé ; il a pour mission de créer *« un réseau de renseignement en zone occupée et en zone non occupée »*. Sa première recrue est sa femme, Denise. Ainsi est né le réseau Jade-Fitzroy, qui comptera en 1944 près d'un millier de membres répartis sur les trois quarts du territoire national. Ils sont cheminots, ouvriers, ingénieurs, officiers d'active, paysans ou médecins, étudiants ou professeurs, à l'image de la France combattante. Le 15 décembre 1943, Claude Lamirault est arrêté au cours d'un banal contrôle d'identité. Se sentant pris, il sort le 7,65 qui ne le quitte jamais et abat le policier en civil, mais il est rattrapé par la police en tenue. Livré aux Allemands, il parvient à se cacher sous une identité anglaise jusqu'au 4 janvier 1944. Du 15 décembre 1943 au 15 mai 1944, il est tenu au secret. Transféré à Compiègne, il fait partie du dernier convoi pour Dachau, celui du 2 juillet 1944. A la fin de la guerre, 217 agents de son réseau auront été arrêtés, 75 déportés et 14 fusillés.

Claude Lamirault revient de Dachau. Mais peu de temps après la victoire, il se tue au volant de sa traction-avant, le 27 mai 1945. Le général De Gaulle le nomme Compagnon de la Libération le 31 mai sous le numéro 561 sur un total de 1 059 croix décernées.

Le 1er juin, ses obsèques ont lieu en l'église Saint-Nicolas en présence d'une foule considérable. L'acteur Gilbert Gill prononce au cimetière de Maisons un brillant éloge funèbre qu'il termine ainsi : *« Adieu Claude, la France en te perdant perd un de ses meilleurs enfants et nous le plus merveilleux des amis et des chefs. »*

Rue de Lorraine

La rue qui va de la rue Champion à la rue de la Muette est dénommée rue de Lorraine par le conseil municipal, le 21 mai 1902.

Rue Jean Luc

Le jockey Jean Luc naît en 1896 à Villefranque dans les Basses-Pyrénées (aujourd'hui Pyrénées-Atlantiques). Il fait son apprentissage chez Maurice Labrouche à Bayonne. Après la Grande Guerre il s'établit à Maisons-Laffitte où il entre au service de l'entraî-

neur Henri Le Bris. Il monte ensuite pour Maurice Adèle et Maurice d'Okhuysen. Il est six années de suite, de 1927 à 1932, tête de liste des jockeys d'obstacles. En 1929, sa meilleure année, Jean Luc remporte 98 victoires. Il se tue le 20 mai 1933 dans le grand Steeple-chase d'Enghien où il monte « Karthum ». Le conseil municipal donne son nom à la voie nouvelle ouverte entre la rue de la Muette et la ligne de chemin de fer.

Allée Barry Lynham

La rue longeant la place publique (actuellement place du Marché) et aboutissant au pied de la passerelle reçoit le 21 mai 1902 le nom de rue Mansart. Lorsque le marché s'installe définitivement pendant la Grande Guerre sur la place publique, la rue Mansart devient la place du Marché. Elle se nomme aujourd'hui allée Barry Lynham. Frederic Mulford Barrington (Barry) Lynham est né le 13 octobre 1904 à Salisbury en Grande-Bretagne. Son père s'installe comme entraîneur à Maisons-Laffitte en 1910 où il habite la propriété de Frank Jay Gould. Après des études au Dover Collège, Barry s'engage comme officier dans les « Buffs ». A son retour à la vie civile, il entre à la Vaccuum Oil qui deviendra plus tard la Mobil Oil. Il s'installe à Maisons-Laffitte en 1924 et épouse la fille d'un entraîneur, Eileen Rose Dutton-Navarre, en 1927. En dehors de son activité professionnelle dans l'industrie pétrolière, Barry Lynham est commentateur sportif sur Radio-Paris. Il rejoint l'Angleterre en juin 1940 pendant l'invasion allemande. En janvier 1941 il est parachuté en France afin d'établir des contacts avec la Résistance. Sa mission consiste à organiser le rapatriement des aviateurs anglais tombés en zone occupée ou évadés des camps allemands. Il appartient au réseau Alexandre-Edouard. Capturé à Pau le 28 février 1944, remis aux autorités d'occupation, il est interné dans un stalag de l'est parisien quand la 2e DB le libère. Il revient à Maisons-Laffitte où il accueille le 25 août les soldats alliés. Il est le premier soldat allié à pénétrer dans Conflans-Sainte-Honorine,

dont il est fait citoyen d'honneur. Barry Lynham reçoit de nombreuses distinctions : il est fait Member of the order of the British Empire, chevalier de la Légion d'honneur, officier de l'ordre national du Mérite, médaillé de la Résistance...

De 1949 à 1983, il organise la cérémonie du souvenir au monument des aviateurs de la RAF avenue Eglé. Il est l'initiateur en 1954 du jumelage entre Newmarket et les communes de Maisons-Laffitte et Mesnil-le-Roi. En 1956, il crée l'Association des amis de Newmarket qu'il préside jusqu'en 1979. Barry Lynham décède le 14 juillet 1985 à Maisons-Laffitte. La Barry Lynham Drive est inaugurée le 25 mai 1988 à Newmarket et l'allée Barry Lynham le 28 mai 1994 à Maisons-Laffitte.

Rue de la Maison Neuve

Le préfet autorise le 3 juillet 1865 la commune à ouvrir une rue de 8 mètres de largeur, entre le chemin de la Muette et le chemin latéral au chemin de fer (rue Jean Mermoz).

Cette rue doit son nom à une dépendance du château qui nous est décrite dans le procès-verbal de visite du marquisat de Maisons en 1777 par A.-N. Dauphin et S.-J. Duboisterf, publié par Pierre-Yves Louis : « *Cette maison est située le long du parc, et a son entrée sur le chemin qui conduit, le long des clôtures du village de Maisons, à la porte de la forêt de Saint-Germain dite porte de la Muette. Elle est composée d'un corps de logis simple de profondeur, ayant un petit pavillon saillant sur la droite de celui-ci, élevé de rez-de-chaussée, premier étage et comble, couvert en tuile à deux égouts. (...) Au devant du corps de logis est une cour dans laquelle se trouve un puits et une partie qui communique au clos dit La Maison Neuve. Au-devant de cette cour, le long du clos et du grand chemin, est une autre basse-cour, close de murs, dans laquelle sont trois petits édifices couverts de tuiles en appentis. L'un sert de remise et d'écurie pour quatre chevaux avec mangeoire et ratelier, l'autre sert de petite grange, le troisième sert de passage pour le clos, la remise de l'écurie (...).* »

Place du Marché

Ancien lieu-dit le Parc, où le 20 juin 1852 a lieu la bénédiction du troisième cimetière de Maisons par le curé Sébille en présence du maire, monsieur Gauthier. La population de Maisons ayant plus que doublé entre 1852 et 1876, le conseil municipal doit se prononcer entre l'agrandissement du cimetière existant ou son transfert sur un terrain plus vaste. Il se déclare en faveur de l'agrandissement, mais le préfet s'oppose à cette décision au motif que ce projet porte préjudice au développement du quartier et à son urbanisation. Un ultime recours du conseil municipal contre cette décision, entrepris auprès du ministre de l'Intérieur, est rejeté. Dès lors, la création du quatrième cimetière s'impose. La municipalité achète 14 000 mètres carrés de terrains adossés au mur de la forêt. C'est ainsi que le cimetière actuel est ouvert en 1880.

Le 27 novembre 1893, le conseil municipal vote la désaffection de l'ancien cimetière et le transfert des concessions perpétuelles dans le nouveau cimetière. A partir de 1904, durant la fête communale, le marché s'installe sur la nouvelle place publique créée à l'emplacement du précédent cimetière. Le premier marché avait été créé en 1856 avenue Longueil. Il se tenait déjà les mercredis et samedis de 7 heures à 13 heures. En 1890, il a lieu également le lundi, expérience qui est abandonnée l'année suivante. Durant la Grande Guerre, il s'installe définitivement à l'endroit actuel, son montage et démontage avenue Longueil occasionnant trop de gêne pour les riverains. En 1936, la construction des 11 travées des hallettes du marché couvert se déroule en quatre tranches afin de réduire au minimum les troubles causés par l'exécution de l'ouvrage. Pendant l'Occupation, les Allemands utilisent le marché comme garage pour leurs chars et, à la Libération, il est réquisitionné par les forces alliées, du 10 février au 27 août 1945, pour leurs véhicules. Fortement endommagé, il est rénové en 1951.

L'Association des commerçants et artisans de Maisons-Laffitte et Mesnil-le-Roi, l'Essor, organise chaque année à partir de 1959 une quinzaine commerciale. Près de 1 300 spectateurs se pressent aux soirées de catch sous le marché couvert pour voir s'affronter « l'ange blanc », « le bourreau de Béthune », René Ben Chemoul. Pour la soirée de variétés, le comité de l'Essor fait venir Marcel Amont ou Dario Moréno.

En 1965, le nouveau maire Pierre Duprès envisage de construire des logements sociaux au-dessus du marché couvert. Puis en 1974, il fait étudier la possibilité de construire un conservatoire de musique au-dessus du marché dont on évoque la reconstruction. Comme le précédent, ce projet n'a pas de suite. Enfin, en 1977, le cinéaste Assuérus fils propose, dans le cadre de la reconstruction du marché, d'édifier des salles de cinéma au-dessus et un parking en sous-sol.

Rue et impasse Jean Mermoz

Le conseil municipal donne, le 27 février 1890, le nom de rue de la Station au chemin latéral à la voie de chemin de fer, puis lui attribue le 11 janvier 1938 le nom de l'aviateur Jean Mermoz (1901-1936). Après avoir échoué à l'oral du bac, Mermoz signe un engagement de quatre ans dans l'aviation, en 1920. Il échoue à deux reprises à son brevet de pilote avant de le décrocher en 1921. Démobilisé en 1924, il entre chez Latécoère à Toulouse où il effectue la liaison avec Barcelone bientôt prolongée jusqu'à Dakar. Il ouvre les lignes Rio de Janeiro-Buenos Aires en 1928 et Rio de Janeiro-Santiago du Chili en 1929. Puis il effectue le 12 mai 1930 la première liaison aérienne postale directe entre l'Afrique et l'Amérique du Sud, après un trajet de 21 heures. En 1934, il est fait commandeur de la Légion d'honneur. Lors de sa 25e traversée, Mermoz disparaît le 7 décembre 1936 au large de Dakar à bord de l'hydravion *Croix-du-Sud*.

Rue de la Muette

Dans l'aveu féodal de 1540 elle est dénommée chemin de Conflans (un aveu est un acte par lequel un vassal fait hommage à son suzerain pour les biens qu'il possède dans sa seigneurie et en dresse un inventaire détaillé). D'après le *Littré*, la Muette a deux sens. C'est soit une maison destinée à garder les mues de cerfs ou à mettre les oiseaux de fauconnerie au temps de la mue, soit une maison bâtie dans les parcs où l'on tient des relais de chasse, où sont les chenils, les équipages et où logent les officiers de vénerie, les piqueurs. Des lettres patentes de François Ier datées du 16 juillet 1541 affirment sa volonté de faire construire *« certaines maisons et édifices à la Muette, en notre forest de Saint-Germain-en-Laye pour nous y loger quand il nous plaira. »* Les travaux commencent en 1542 sous la direction de Pierre Chambiges, architecte du château actuel de Saint-Germain-en-laye. A sa mort, Guillaume Guillain et Jean Langlois poursuivent les travaux jusqu'en 1549. Les murs étant trop fragiles pour supporter les dalles de pierre des terrasses prévues initialement, Philibert Delorme imagine une charpente par assemblage sous laquelle est installé un jeu de paume. Le château de François Ier est un bâtiment de trois étages entouré de fossés, avec un belvédère en terrasse entouré d'une balustrade et

flanqué de tourelles. Dès 1576, Androuet du Cerceau signale l'état de délabrement du bâtiment. Une gravure d'Israël Silvestre ne représente plus en 1660 qu'une ruine pittoresque. Un siècle plus tard, Louis XV décide de faire construire à cet emplacement un pavillon de chasse dont il commande les plans à l'architecte Ange-Jacques Gabriel, auteur de l'hôtel de Crillon et du ministère de la Marine, place de la Concorde. Les travaux sont effectués de 1767 à 1775, mais l'aménagement intérieur n'est achevé qu'en 1778 sous Louis XVI.

Square James d'Okhuysen

James d'Okhuysen naît à Haarlem aux Pays-Bas en 1868. Après un stage de trois ans à l'école vétérinaire d'Alfort, il s'installe à Maisons-Laffitte où il fait construire une écurie au 12, avenue Malesherbes. Sa grande expérience des chevaux lui fait acquérir en 1903 un yearling réformé dont il soigne avec succès le pied malade. C'est « Finasseur » qui gagne en 1905 successivement le prix du Jockey Club, le Grand prix de Paris et le prix du Président de la République. Cette triple victoire vaut à James d'Okhuysen de devenir l'entraîneur du baron Maurice de Rothschild. Le conseil municipal donne son nom au square qui débouche sur la rue Jean Luc. L'inauguration, le dimanche 24 avril 1938, a lieu en présence de René Robert, premier adjoint au maire, de Maurice d'Okhuysen, fils de James et aussi entraîneur, et de la commune libre du Gros-Murger.

D'OCKUYSEN, *Entraineur de* M. Michel EPHRUSSI, *à Maisons-Laffitte*

Rue Pasteur

L'ancienne allée des Marronniers, qui traversait les terrains de la comtesse de La Tour du Breuil, est dénommée rue Pasteur, le 21 mai 1902, par le conseil municipal.

Louis Pasteur naît le 7 décembre 1822 à Dole, dans le Jura, où son père est tanneur. Il obtient en 1847 un doctorat de physique et de chimie à l'Ecole normale supérieure. Devenu doyen de la faculté des sciences de Lille en 1854, il commence ses recherches sur le processus de fermentation. Il met ainsi en évidence l'acidification du vin et de la bière par des bactéries. Il invente le procédé de pasteurisation qui consiste à éliminer les bactéries en chauffant à haute température la boisson considérée. Pasteur est nommé en 1865 directeur des études scientifiques de l'Ecole normale supérieure de Paris. Il étudie, à partir de 1877, les maladies contagieuses des animaux. En 1885, il met au point le vaccin contre la rage et crée, trois ans plus tard, l'Institut Pasteur afin de soigner cette maladie. Lorsqu'il décède le 28 septembre 1895, des funérailles nationales sont organisées en son honneur.

Porte des Pétrons

Le pétron est, selon le *Littré*, un des noms vulgaires du genévrier. Colbert fait élever entre 1663 et 1683 un mur depuis la terrasse de Saint-Germain jusqu'aux murs du village de Maisons et du parc du château, afin d'agrandir la forêt. Pour entrer et sortir du domaine forestier, il faut alors passer des grilles ou des portes qui chaque jour sont ouvertes et fermées par un garde forestier. Sous le Second Empire, la porte des Pétrons reste ouverte plusieurs années de suite pour faciliter l'exploitation forestière. Lorsque l'administration des Domaines et Forêts de la Couronne décide de nouveau sa fermeture, le maire et les habitants de Maisons-Laffitte s'insurgent contre cette mesure. Ils adressent une pétition à l'empereur afin de solliciter l'ouverture permanente de la porte des Pétrons. L'administration générale attachée à la maison de l'empereur rejette la

demande le 11 janvier 1864, précisant que « *Toutefois des clefs pourront être délivrées, à titre de tolérance, aux personnes qui justifieraient en avoir besoin.* »

Le maire de Maisons-Laffitte, le 11 juin 1910, en demande l'élargissement : « *considérant qu'elle livre passage à un très grand nombre de véhicules de toute sorte et que les deux pans de mur qui obstruent le trottoir, de chaque côté de cette porte, font courir un danger permanent aux piétons en les obligeant à emprunter la chaussée sans qu'ils puissent apercevoir les voitures automobiles ou autres qui se présentent de l'autre côté du passage pour le franchir en même temps qu'eux ; considérant, d'autre part, que les chevaux de course qui se rendent sur les pistes d'entraînement dans la forêt sont effrayés par le passage des voitures automobiles et font de fréquents écarts sur les trottoirs où les piétons ne se trouvent plus du tout en sûreté...* »

Le centre-ville

Place des Combattants d'Afrique du Nord (1952-1962) et des Théâtres d'Opérations Extérieures

Ce nom est donné à l'esplanade devant la ludothèque. La place est inaugurée le 24 mai 1992 par Philippe Marland, sous-préfet de Saint-Germain, et Jacques Myard, conseiller général et maire de Maisons-Laffitte, en présence de nombreuses délégations d'anciens combattants.

Rue du Clos Lainé

Le clos Lainé correspond à un clos de vignes du seigneur de Maisons, d'un peu plus d'un hectare, mentionné dans la déclaration du syndic en 1618. Il est vendu à Nicolas Lainé, fermier de Fromainville (1641-1733) ou à son fils également prénommé Nicolas (1689-1755), lui aussi fermier de Fromainville au décès de son père. Nicolas Lainé décide de clore les terres qu'il a acquises. Le clos Lainé s'appuie alors sur les murs du village. On y accède par l'impasse des Graviers (rue du Prieuré). Greffé sur la Grande rue, il s'achève peu avant le carrefour actuel des rues du Prieuré et de Solférino. Sur le cadastre de 1820, le clos est divisé en 32 parcelles dont 28 appartiennent à des Lainé ou à un gendre Lainé, Henri Delaperruque. Messieurs Mugnier, Eugène-Louis Lainé, Auguste Lainé et Louis-François Lainé proposent en novembre 1864 de céder gratuitement à la commune des parcelles de terrains, afin de permettre l'ouverture d'une nouvelle rue entre la rue Mugnier et la rue du Prieuré. Après enquête publique, la rue est ouverte en 1865. Constatant que les habitants lui donnent tantôt le nom de rue du Clos Lainé, tantôt celui de rue Traversière, le conseil municipal décide le 17 août 1871 qu'elle portera le nom de Clos Lainé.

Rue Guynemer

Dans l'impossibilité en 1873 de poser rue du Chemin de Fer des réverbères au gaz faute de canalisation, la commune décide d'installer un éclairage au schiste (au pétrole). Le conseil municipal attribue le 11 janvier 1938 le nom de Guynemer à la rue du Chemin de Fer.

Né en 1894, entré comme mécanicien en novembre 1914 dans l'aviation, il obtient son brevet de pilote en avril 1915. Durant la Grande Guerre, il commande la célèbre escadrille des Cigognes et prend part à plus de 600 combats aériens. Avec 53 victoires, il est l'un des as de l'aviation française. Il est fait officier de la Légion d'honneur le 11 juin 1917. Guynemer est abattu le 11 septembre 1917 par Kurt Wissemann lors d'un combat aérien au nord-ouest d'Ypres. Il a 22 ans. Son corps n'a jamais été retrouvé. Sa devise, « faire face », a été adoptée par l'Ecole de l'air.

Place Maréchal Juin

Réalisée par la municipalité dans le cadre de la reconstruction de l'îlot Guynemer, la place Maréchal Juin occupe l'ancienne cour de l'école maternelle, qui elle-même a été remplacée par la bibliothèque en décembre 1988 et par la ludothèque en 1998. Cette place « à l'italienne », agrémentée de deux fontaines et d'une aire de jeux pour enfants, a été inaugurée par messieurs Brisson, sous-préfet de Saint-Germain, et Jacques Myard, député-maire de Maisons-Laffitte, le 3 mars 2002, en présence de nombreuses délégations d'anciens combattants.

Alphonse Juin (1888-1967) sort major de sa promotion de Saint-Cyr en 1912. Grièvement blessé durant la Grande Guerre où il perd l'usage de son bras droit, il devient aide de camp du général Lyautey au Maroc. Il est nommé général de brigade en 1938. Fait prisonnier par les Allemands en 1940 à Lille, il est libéré à la demande du maréchal Pétain qui le nomme commandant en chef des forces françaises en Afrique du Nord, où il se rallie au général Giraud lors du débarquement des troupes alliées en 1942. Il commande les forces françaises engagées dans la reconquête de la Tunisie en 1943, puis le corps expéditionnaire français en Italie. Avec la victoire de Garigliano, il ouvre la route de Rome aux Alliés. Chef d'état-major de la Défense nationale de 1944 à 1947, il est nommé résident général au Maroc. Juin est élevé à la distinction de maréchal de France en 1952. La même année il est élu à l'Académie française. En désaccord avec la politique algérienne du général De Gaulle, il est mis à la retraite en 1962.

Place du Maréchal de Lattre de Tassigny

La place est créée en même temps que la première gare qui est ouverte le 3 mai 1843 avec l'inauguration de la ligne de chemin de fer Paris-Rouen. Il s'agit alors de la seconde station depuis Paris. Devenue trop petite compte tenu de l'accroissement de la population de Maisons-Laffitte intervenu entre temps, elle est reconstruite en 1894.

Le conseil municipal décide à l'unanimité, le 24 juin 1959, de donner le nom de Maréchal de Lattre de Tassigny à la place limitée par les bâtiments de la mairie, de la gare et des PTT, qui n'a aucune dénomination officielle.

Jean de Lattre de Tassigny (1889-1952), promu de Saint-Cyr dans la cavalerie, termine la Grande Guerre avec quatre blessures et huit citations. Plus jeune général français en 1939, il combat à la tête de la 14e division d'infanterie sur l'Aisne puis sur la Loire. Entré en dissidence en novembre 1942, il est arrêté et condamné à 10 ans de prison. Il s'évade le 2 septembre 1943 et gagne Londres. En août 1944, il débarque en Provence à la tête de l'armée, libère Colmar puis conquiert Stuttgart. Il signe à Berlin l'acte de capitulation de l'Allemagne. Après le commandement en chef en 1948 des forces terrestres des cinq pays de l'Union occidentale, il est envoyé en Indochine. De Lattre de Tassigny décède le 11 janvier 1952 d'un cancer, à Paris. Il est élevé à titre posthume à la dignité de maréchal de France.

Avenue Longueil

L'avenue Longueil est tracée par François Mansart en même temps que l'avenue Eglé et l'avenue Albine. Elle conduit à Saint-Germain et s'appelle d'abord avenue des Petits Bois. On la voit très nettement sur la carte de Caron de 1686. En 1777, selon le procès-verbal du marquisat de Maisons, elle est bordée de chaque côté d'un rang de tilleuls, la demi-lune face à l'entrée du parc ayant une double rangée d'arbres. Avec l'inauguration le 3 mai 1843 de la ligne de chemin de fer Paris-Rouen et de la gare de Maisons, elle prend le nom d'avenue du Chemin de Fer. L'année suivante, elle devient l'avenue Jacques Laffitte après le décès de ce dernier le 26 mai 1844.

Le 12 décembre 1852, le maire expose au conseil municipal « *que les propriétaires riverains de l'avenue Laffitte conduisant au chemin de fer et appartenant à la Société des eaux et avenues du parc, se trouvent en butte depuis un an aux tracasseries de cette société suite à divers droits de passage et d'ouvertures que ces propriétaires prétendent avoir d'après un titre remontant à 1826. Lesquels droits sont contestés par la Société qui leur a intenté un procès dont l'issue ne peut être prévue. Bon nombre des propriétaires de la commune (environ un sur dix) sont intéressés dans cette affaire par la nature de leurs propriétés, sur lesquelles 21 maisons de commerce ou d'agrément sont bâties et dont la plupart ont été construites du vivant de monsieur Laffitte, ancien propriétaire de l'avenue, qui non seulement a souffert ces constructions, mais encore les a encouragées, ainsi que le prouve le titre précité. La commune est également intéressée dans cette affaire car elle a toujours joui de l'avenue comme si elle en était propriétaire. En effet elle n'a ni place publique ni autre lieu de promenade, et que faute de celle-ci, elle ne pourrait même pas trouver un endroit convenable pour y établir sa fête patronale. Dans un temps peu éloigné, si la population continue de s'accroître dans les mêmes proportions qu'elle s'est accrue depuis dix ans, la commune se verra dans la nécessité d'établir un marché dont l'utilité se fait de plus en plus sentir, et le seul endroit convenable pour cet établissement est cette avenue qui se trouve à proximité du parc et du village.* »

Après cet exposé du maire, le conseil municipal décide d'acquérir l'avenue en contribuant pour un tiers de la dépense totale, les propriétaires riverains s'étant engagés par écrit à en payer la plus grande partie. Il autorise le maire à traiter à l'amiable avec la Société des eaux et avenues du parc et, en cas de désaccord, à demander l'expropriation pour cause d'utilité publique. En décembre 1853, l'expert nommé par le préfet afin d'estimer la valeur de l'avenue Laffitte dans le cadre de la procédure d'expropriation, arrive à la somme de sept mille francs. Lors de la séance du conseil municipal du 25 février 1855, le maire donne lecture d'un décret impérial en date du 18 novembre 1854 déclarant d'utilité publique les deux avenues situées à droite et à gauche de la route départementale n° 47 (avenue Laffitte) appartenant à la Société civile des eaux et avenues du parc de Maisons et autorisant le maire :

1° à acquérir ces avenues soit à l'amiable, soit par voie d'expropriation ; 2° à accepter l'offre des riverains de ces avenues de contribuer à cette acquisition pour une somme de quatre mille francs ; 3° à faire délibérer le conseil sur un impôt extraordinaire d'une somme de trois mille francs recouvrable en 1855 et 1856 par moitié pour compléter le prix de l'acquisition.

Le maire informe également l'assemblée que les démarches nécessaires pour arriver à une transaction amiable ont été faites auprès de monsieur Levasseur, président de la Société, mais il a le regret d'annoncer que ses offres n'ont pas été acceptées. L'avis d'expropriation étant aujourd'hui le seul moyen de terminer cette affaire, le maire a fait diligence pour remplir les formalités prescrites par la loi, afin d'obtenir la mise en possession des avenues et pour faire nommer le jury qui devra fixer l'indemnité due aux propriétaires. Cette indemnité est arrêtée à 10 000 francs après le rejet de différents pourvois en cassation. Le conseil municipal vote le 18 mai 1856 une imposition « extraordinaire » de 3 000 francs recouvrable en 1857 et 1858, afin de pouvoir régler la quote-part de la somme de l'indemnité d'expropriation. Le 5 juin suivant, le conseil demande au préfet son autorisation pour l'établissement d'un marché au lieu-dit le Pavillon face à l'entrée du parc. Au mois de juillet, la commune est obligée de voter un emprunt global de 8 000 francs pour régler le solde de l'indemnité, suite au retard pris dans le recouvrement des 4 000 francs dus par les riverains de l'avenue au titre de leur participation volontaire.

Au mois d'octobre 1863, le conseil municipal décide de changer les noms de plusieurs rues. C'est ainsi que l'avenue Jacques Laffitte, que le conseil continue curieusement

MAISONS-LAFFITTE. - Avenue Longueil Edition Magasins Réunis, Maisons-Laffitte

d'appeler avenue du Chemin de Fer, devient l'avenue Longueil en souvenir du fondateur du château.

En mai 1875, Charles Laffitte signale au conseil municipal la nécessité d'arroser l'avenue Longueil, que les nuages de poussières soulevées par les voitures rendent insupportable aux riverains et aux piétons. A la demande du maire, la Compagnie des eaux accepte de fournir gracieusement l'eau nécessaire à l'arrosage.

Le maire expose au conseil municipal en 1883 que les « *barrières en bois établies sur l'avenue Longueil sont dans un état de vétusté déplorable. Elles ne rendent plus aucun service et nuisent plutôt à la circulation, la plupart étant brisées ou hors d'aplomb* ». Il propose de vendre ces barrières qui n'avaient été élevées autrefois que pour empêcher les bœufs de vaquer sur l'avenue lorsqu'on les dirigeait sur le marché de Poissy. Après une discussion assez longue, le conseil municipal décide la suppression de ces barrières et charge le maire de les vendre au mieux des intérêts de la commune. La semaine suivante, l'acquisition de six bancs pour l'avenue est votée à l'unanimité, puis au mois de juin l'installation d'un urinoir près du marché, en face de l'hôtel du Soleil d'Or.

En 1888, le stationnement pose déjà des problèmes ! Le maire voulant assurer la libre circulation sur l'avenue Longueil, il prie les loueurs de rentrer leurs voitures et de ne pas les laisser sur la voie publique. En 1892 a lieu le bitumage d'une première contre-allée de l'avenue et, l'année suivante, celui de la seconde contre-allée. Au mois de décembre 1893, le conseil vote un crédit pour planter 34 sycomores en remplacement des marronniers qui ont péri. A partir de juillet 1900, Maisons-Laffitte est reliée à Neuilly par une ligne de tramway dont la station est située près de la mairie. Au mois de novembre, le conseil municipal approuve le remplacement de 18 becs à gaz Papillon de l'avenue par des becs Aüer plus économiques. Les premiers écriteaux invitant les conducteurs d'automobiles à ralentir leur allure dans la traversée de la commune sont installés en juillet 1904. La vitesse maximum autorisée est alors de 12 km/h. La construction d'égouts est adoptée en mars 1906.

Les trois premiers lampadaires électriques apparaissent sur l'avenue en mars 1926. Le progrès technique poursuivant inexorablement son chemin, la ligne de tramway est déclassée en 1934 pour être remplacée par un service d'autobus.

L'avenue connaît un important réaménagement en 1969. Les contre-allées qui longeaient les magasins en ne laissant que d'étroits trottoirs aux piétons, sont permutées avec les promenades ombragées, de manière à élargir les trottoirs. Tout en préservant son esthétisme, ces travaux permirent à l'avenue de s'adapter au développement de la circulation. Ils marquent aussi la fin d'une époque : la fête foraine qui depuis plus d'un siècle se déroulait au mois de juillet sur l'avenue est supprimée suite aux plaintes répétées des riverains et des commerçants.

Rue Masson

Nommé le 27 novembre 1847 maire de Maisons par le préfet, Louis-Casimir Masson est installé le 5 décembre. Il est réélu brillamment au suffrage universel après la révolution de 1848, en recueillant 224 voix sur 264 votants. Il présente au conseil municipal, le 9 décembre, le tracé d'un nouveau chemin qui doit permettre de mieux relier le village à la gare. Cette liaison est jusqu'à présent réalisée par la sente de Derrière les Clos (sente Masson). Les propriétaires concernés par le tracé du nouveau chemin acceptent, à l'exception d'un seul, d'abandonner gratuitement les parcelles de terrain nécessaires à sa création. Plusieurs propriétaires se sont cotisés et ont réuni une somme de 500 francs pour participer aux frais de terrassement et d'empierrement. Louis Masson démissionne le 13 août 1850, faisant état *« des intérêts particuliers »* qu'il a à Paris et l'obligent à s'absenter fréquemment. C'est la révolution à Maisons ! L'adjoint, les conseillers municipaux, le curé et la population adressent une pétition qui recueille 190 signatures, où il est dit que depuis trois ans qu'il est maire, Louis Masson *« sans se laisser rebuter par les difficultés souvent graves de cette position, a déployé dans l'exercice de ses fonctions une intelligence, un zèle et une abnégation au-dessus de tout éloge »*. A la demande des habitants, Louis Masson reprend sa fonction mais démissionne définitivement le 8 mars 1851 en invoquant les mêmes raisons d'éloignement. Un banquet de 130 couverts est organisé en son honneur dans la salle d'attente de la gare. Le chef d'escadron de gendarmerie Beaugran précise dans son rapport que le banquet dura de huit heures du soir à deux heures du matin, et que *« l'ordre et la tranquillité n'ont cessé de régner pendant la durée du banquet, et qu'aucun cri ni champ (sic) politique ne s'est fait entendre »*.

Le conseil municipal donne le nom de rue Masson à la rue Neuve le 15 octobre 1863. Louis Masson est ainsi le seul maire de la commune dont une rue porte le nom.

Sente Masson

Portion de l'ancienne sente de Derrière les Clos qui, vers 1600, reliait le chemin de Poissy au chemin des Canus. La réalisation de l'avenue Longueil par François Mansart vers 1646, puis l'ouverture de la ligne de chemin de fer en 1843 l'ont amputée à ses deux extrémités.

Pont Jean Monnet

Le pont routier qui enjambe les voies ferrées est baptisé du nom de Jean Monnet (1888-1979) le 30 avril 1994. Il porte le nom du « père spirituel » de l'Europe sur l'initiative d'Hubert Souillard, président de l'association Jean Monnet Français et Européen. Une plaque, rappelant la phrase de Jean Monnet *« Il n'y a d'avenir pour les Européens que dans l'union »* est apposée sur le mur extérieur de la gare.

Rue Mugnier

En janvier 1858, monsieur Mugnier propose à la municipalité le percement de deux nouvelles rues sur sa propriété. La première doit partir de la route départementale n° 47 (la rue de Paris) et aboutir à la rue Neuve (la rue Masson), en coupant l'impasse des Graviers (rue du Prieuré). La seconde rue doit relier l'avenue de la Station (avenue Longueil) à la première. Il s'agit de notre rue Mugnier. Monsieur Mugnier abandonne gratuitement le terrain nécessaire à l'ouverture de ces deux voies, à condition que les deux rues soient reconnues d'utilité publique et qu'elles soient ouvertes par la commune dès que le budget municipal le permettra. Les travaux de percement des deux rues débutent le 1er décembre 1858.

Rue des Plantes

Elle doit son nom aux jeunes pieds de vigne qui n'ont pas encore donné de raisin. De 4 mètres de largeur en 1844, elle est élargie à 6 mètres en 1847. En 1878, le maire négocie l'acquisition de la maison de monsieur Collinet située à l'angle gauche de l'avenue Longueil et de la rue des Plantes, afin d'élargir celle-ci. En 1883, le maire propose d'éclairer au moyen d'une lampe à pétrole le milieu de la rue des Plantes, à condition que les riverains fassent eux-mêmes l'acquisition d'un poteau et d'une lanterne, ainsi que cela a été déjà admis pour la rue Croix Castel.

Rue de Solférino

En janvier 1858, monsieur Mugnier propose à la municipalité le percement de deux nouvelles rues sur sa propriété. La première doit partir de la route départementale n° 47 (la rue de Paris) et aboutir à la rue Neuve (la rue Masson), en coupant l'impasse des Graviers (rue du Prieuré). Il s'agit de notre rue Solférino. La seconde rue doit relier l'avenue de la Station (avenue Longueil) à la première. Monsieur Mugnier abandonne gratuitement le terrain nécessaire à l'ouverture de ces deux rues, à condition que celles-ci soient reconnues d'utilité publique et qu'elles soient ouvertes par la commune dès que le budget municipal le permettra. Les travaux de percement des deux rues débutent le 1er décembre 1858.

La rue Solférino commémore la victoire remportée pendant la campagne d'Italie par l'armée française et celle du royaume de Sardaigne, le 24 juin 1859, sur les troupes autrichiennes.

De la ligne du chemin de fer à l'avenue du Général De Gaulle

Rue d'Achères

Un chemin de vidange, dit le chemin d'Achères, part en 1833 du chemin de Poissy face à l'actuelle rue Masson et se termine au mur de la forêt. Il fait alors trois mètres de large. Lors de l'ouverture de la ligne de chemin de fer en 1843, le chemin débute avant le pont, face à la rue Croix Castel. Le conseil municipal accepte le 15 février 1864 la cession gratuite à la Compagnie des chemins de fer de l'Ouest d'une partie du chemin d'Achères

Maisons-Laffitte - Rue d'Achères

Maisons-Laffitte - Rue d'Achères

afin de permettre l'établissement d'une voie de chargement et de déchargement pour les marchandises. Le début de la rue emprunte alors l'ancien chemin du Trou Sautereau du nom d'un lieu-dit. Il s'agit du tronçon actuel qui, du n° 1 au n° 13, longe le square de la Libération.

Lors de la séance du conseil municipal du 10 février 1951, *« monsieur Pitou rappelle la lettre envoyée à tous les conseillers par le comité de parrainage de l'Amitié franco-soviétique demandant que le nom de Stalingrad soit donné à la rue d'Achères pour commémorer cette bataille qui contribua d'une façon décisive à la reconquête des libertés de tous les peuples sous le joug hitlérien »*. Monsieur le maire fait observer que dans la séance du 3 février la commission de la voirie a été d'avis qu'il n'y avait pas lieu de changer le nom des rues.

Allée du Bel Air

Le projet de construction d'un groupe d'habitations sur un terrain de 6 000 mètres carrés situé entre la rue du Tir et le mur de la forêt, appartenant à monsieur et madame Villiatte, est accepté par le conseil municipal le 1er décembre 1925.

Rue des Cordonnières

Son nom provient de l'ancien lieu-dit les Cardonnières lequel, selon M.-A. Duclos, vient de chardon dont une variété commune, le panicaut des champs, pousse naturellement sur les sols pauvres de la région. Il peut s'agir aussi du grand chardon à foulon ou cardère, dont la culture se pratiquait pour le carolage de la laine. Le mot *cardonnières* figure au cadastre de 1820. Il est par la suite déformé en *cordonnières*.

Impasse et rue Pierre Curie

Physicien français, Pierre Curie naît à Paris en 1859 et fait ses études à la Sorbonne. En observant qu'une pression sur un cristal de quartz crée un potentiel électrique, avec son frère Jacques il découvre le phénomène piézoélectrique. Puis, en effectuant des recherches sur le magnétisme, il s'aperçoit qu'à partir d'une certaine température, le point de Curie, des matériaux fortement magnétiques, comme le fer, le cobalt et le nickel, perdent en partie leurs propriétés magnétiques. En 1894, il rencontre Marie à l'université et l'épouse un an plus tard. Il devient en 1895 professeur à l'Ecole de physique et de chimie de Paris. Pierre et Marie annoncent en 1898 la découverte de deux nouveaux éléments : le polonium et le radium et obtiennent en 1903 le prix Nobel pour leurs découvertes. Pierre Curie, nommé professeur de physique à la Sorbonne en 1904, membre de l'académie des Sciences l'année suivante, meurt en avril 1906 écrasé par un camion.

Rue de l'Entente Cordiale

La rue est tracée sur des prés appartenant à l'entraîneur Lawrence dont les terrains sont progressivement vendus par parcelles. Le jockey Salmon, qui court pour Lawrence, se fait construire une maison à l'angle de la rue de l'Entente Cordiale et de la rue Saint-Nicolas. La fille de Lawrence épouse le fils d'un des nouveaux propriétaires du lotissement. Ce seraient les familles qui auraient baptisé par amusement « Entente Cordiale » le passage qui allait devenir la rue du même nom.

Rue George V

Le projet de création d'un lotissement sur l'emplacement de l'ancienne usine de borax est accepté par le conseil municipal le 26 mars 1926. Dix ans plus tard, les rues George V et Laffitte, comprises dans le lotissement, sont classées dans les voies communales par le conseil municipal, qui en accepte la cession gratuite par les propriétaires au profit de la ville.

Second fils d'Edouard VII, George V (1865-1936) fait d'abord une carrière d'officier dans la Royal Navy où il est élevé au grade de vice-amiral en 1903. A la mort de son frère aîné Albert Victor en 1892, il devient duc d'York. Lorsque son père Edouard VII succède à la reine Victoria, il prend le titre de prince héritier et monte sur le trône en 1910. De son union avec la princesse Victoria Marie de Teck naissent six enfants dont le futur Edouard VIII et le futur Georges VI. Il décide en 1917 que les membres de la famille royale qui appartiennent à la branche anglaise des Saxe-Cobourg et Gotha renonceront à leurs titres germaniques. La famille prend le nom de Windsor et ne portera plus que des titres britanniques. Le règne de George V est marqué par la première guerre mondiale et la formation du Commonwealth.

Rue du Gros-Murger

Maisons-Laffitte - Rue du Gros-Murger

Les plans et devis de la construction du chemin vicinal n° 5 dit du Gros-Murger sont approuvés le 26 mars 1881. Le prolongement du chemin du Gros-Murger jusqu'à la route de Poissy (avenue du Général De Gaulle) est décidé le 12 août 1882. La décision est renouvelée le 12 juin 1888. Selon le *Dictionnaire historique du monde rural - Les mots du passé* de Marcel Lachiver, un murger *« est un tas de pierres de toute nature, le plus souvent en limite de parcelles, qui provient de l'empierrement des champs, des vignes en particulier. Le terme se trouve surtout du Bassin parisien à l'Est, à la Bourgogne, mais aussi en Poitou ».*

L'inauguration de la commune libre du Gros-Murger a lieu en septembre 1936 en présence du député de la circonscription monsieur Robbe. Jusqu'à la guerre, la commune libre organise des matinées récréatives pour les enfants, des galas de bienfaisance et participe aux différentes fêtes de la ville qu'elle anime.

Villa Henri Jeanson

Bélanger, l'architecte du comte d'Artois, prolonge l'avenue Bergeret par une route neuve jusqu'à l'avenue de Poissy. La route neuve traversant l'ensemble du territoire cultivé, de nombreuses petites parcelles sont achetées aux paysans. Elle devient plus tard la propriété de Jacques Laffitte. Elle figure sur les plans cadastraux de 1820 et 1844. Elle est condamnée par l'établissement de la voie ferrée en 1841-1843. La Compagnie de chemin de fer prévoit des ponts routiers au profit de la rue des Côtes et des avenues de Poissy et de Saint-Germain. Le conseil municipal demande, le 23 février 1841, un autre pont pour le chemin du Gros Murger et, pour la route Neuve, une passerelle large de deux mètres *« pour le service des bêtes de somme »*. Quand il se rend compte qu'il a vu trop petit, le conseil ne peut obtenir l'élargissement de cette passerelle. Dès lors, la route Neuve, coupée par la voie ferrée, devient sans intérêt et est vendue par parcelles. Il n'en reste que la villa *Henri Jeanson*.

Rue Laffitte

Le conseil municipal décide en 1877 de ne pas donner suite au prolongement de la rue Puebla jusqu'à la route départementale n° 47 (avenue du Général De Gaulle) qui avait été envisagé en 1874. En effet, monsieur Desmazures a construit depuis une usine de borax dans le quartier, lequel a perdu tout attrait pour la construction de logements neufs.

Le projet de création d'un lotissement sur l'emplacement de l'ancienne usine de borax est accepté par le conseil municipal le 26 mars 1926. Dix ans plus tard, les rues Georges V et Laffitte comprises dans le lotissement sont classées dans les voies communales par le conseil municipal, qui en accepte la cession gratuite par les propriétaires au profit de la ville.

Place de la Libération

La cession gratuite à la Compagnie des chemins de fer de l'Ouest d'une partie du chemin d'Achères est acceptée par le conseil municipal le 15 février 1864. Elle doit permettre l'établissement d'une voie de chargement et de déchargement pour les marchandises. Ainsi, l'emplacement délimité par la rue d'Achères, la place de la Gare et la voie ferrée est d'abord occupé par la gare de marchandises qui sert essentiellement aux grainetiers de la commune. Son activité occasionne de nombreuses nuisances pour les riverains. La Compagnie des chemins de fer de l'Ouest fait en février 1906 l'acquisition de la propriété de madame Robillard située entre la rue d'Achères, la rue Puebla et la ligne de chemin de fer. Sur cette parcelle triangulaire est édifiée une nouvelle gare de marchandises. Le terrain de l'ancienne gare est remblayé afin d'agrandir la place de la Gare. Le conseil municipal décide le 13 juin 1946 d'appeler square de la Libération cet emplacement. Un monument supportant un mât est érigé derrière un massif de fleurs en forme de croix de Lorraine.

Durant la seconde guerre mondiale, Maisons-Laffitte est occupée par les Allemands du 16 juin 1940 au 25 août 1944. A partir du 24 août, les Maisonnais voient passer,

Place de la gare en 1900.

venant de Saint-Germain et de Poissy, des groupes de soldats allemands battant en retraite. Pour transporter leurs bagages, ils utilisent les véhicules les plus insolites : carrioles, vélos, voitures d'enfants et même une brouette. Le 25 août, les derniers soldats font sauter les ponts ferroviaires et la passerelle provisoire qui relie par la route Maisons-Laffitte à Sartrouville. La ville est privée de communications, de gaz et d'électricité. A 9 h 30, les abords de la mairie sont noirs de monde. Un half-track occupé par des soldats canadiens s'arrête devant la mairie. Ils remettent à monsieur Durif, président du Comité local de libération, un revolver et un certificat, tandis que leur lieutenant

La même place prise sous un autre angle, cinquante ans plus tard.

harangue la foule du balcon de la mairie. La foule est en délire lorsque le buste de Marianne, qui dormait depuis quatre ans dans les sous-sols des écoles du Prieuré, fait son apparition, posé sur une voiture à bras. *La Marseillaise* est entonnée en présence des membres du Comité local de libération, sur le perron de la mairie : outre Gilbert Durif, président, le comité est composé de Léon Gervais (vice-président), André Thomas, Denise Farcy, André Geffroy, Roger Josse, Jean Lozahic, Franz Tarnaud. Le surlendemain, la cour de la mairie est de nouveau envahie par la foule qui exige que les femmes ayant fréquenté des Allemands soient tondues. Le Comité local de libération s'y oppose, considérant qu'il n'y a pas de quoi justifier ce traitement dégradant. Mais les lads des écuries du parc, très excités, veulent aussi pendre aux grilles de la cour de la mairie certains entraîneurs qui se sont compromis. Afin d'éviter le pire, le Comité cède sur le premier point. Le commissaire de police choisit un coiffeur professionnel pour tondre, sur la place derrière la mairie, les 6 ou 7 femmes désignées par la vindicte populaire. Parmi elles figurent la femme et la fille d'un célèbre entraîneur. Cette punition calme peu à peu les esprits.

Rue des Loges

« *Dans la plupart des régions il s'agit de constructions plus ou moins simples, servant d'abri temporaire pour les hommes et les animaux, de remise à matériel. Dans les vignes il s'agit d'une cabane souvent en pierres servant d'abri pour les vignerons. Un peu partout en France la loge désigne un hangar, une remise, un appentis, des bâtiments annexes en matériaux divers, construit par les paysans eux-mêmes près des bâtiments de ferme, couvert en chaume, en genêts, en bois, pour mettre à l'abri outils et véhicules* » (*Dictionnaire historique du monde rural - Les mots du passé*, de Marcel Lachiver, Editions Fayard). Le conseil municipal décide le 15 juin 1878 d'élargir à 8 mètres la sente de la Loge. Le tracé du chemin de la Loge est adopté le 27 décembre 1883 : « *Lequel partant de l'angle de la propriété de monsieur Jeanson, route départementale n° 47 (avenue du Général De Gaulle), va en ligne droite jusqu'à la rencontre de la rue Saint-Nicolas projetée et, de là, par une légère brisure continue également en ligne droite jusqu'au chemin d'Achères.* » Le 27 février 1890, la rue de la Loge est rebaptisée rue des Loges.

Rue Pierre Loti

Officier de marine et écrivain, Julien Viaud, dit Pierre Loti (1850-1923), mène toute sa vie de front une carrière militaire et son œuvre littéraire. Dans ses voyages au long cours il trouve l'inspiration de ses romans. Ainsi, d'un amour malheureux à Istanbul il tire son roman *Aziyadé* (1879), d'une escale à Tahiti il rapporte *Rarahu*, idylle polynésienne (1880), devenu plus tard *Le Mariage de Loti*. *Le roman d'un spahi*, écrit en 1873 mais publié en 1881, se passe au Sénégal, et *Madame Chrysanthème* (1887) au Japon. La mer sert de toile de fond à plusieurs romans dont *Mon frère Yves* (1883) et *Pêcheur d'Islande* (1886). Il est le plus jeune élu à l'Académie française (1891). Pierre Loti meurt à Hendaye en 1923, ayant connu de son vivant un très grand succès populaire.

Rue de Mexico

Le conseil municipal décide, le 15 octobre 1863, d'ouvrir deux chemins de 8 mètres de largeur entre le chemin d'Achères et la route départementale n° 47 (avenue du Général De Gaulle), en suivant les deux sentes qui existent déjà. Ces deux chemins seront reliés par le milieu, au moyen d'un troisième chemin transversal parallèle au chemin d'Achères. En effet, « *Il est utile d'adopter dans ce quartier un plan de voies nouvelles à ouvrir, car on commence à y construire, et il importe de ne pas laisser les constructions s'établir au hasard et sans plan d'alignement arrêté à l'avance.* » Le premier chemin reçoit le nom de chemin de Mexico pour commémorer la prise de la ville en 1863 par le général Forey, commandant en chef du corps expéditionnaire français envoyé au Mexique par Napoléon III, afin de soutenir l'empereur Maximilien d'Autriche.

Rue de la Passerelle

En 1889, le conseil municipal propose d'élargir la sente latérale à la ligne de chemin de fer. « *Entre le pont du Gros Murger et la rue Puebla, elle est devenue d'un usage très fréquent, surtout depuis la translation du cimetière. Elle n'existe qu'à titre de tolérance de la part des riverains. Le conseil propose son classement comme chemin rural de 4 mètres sur tout son parcours.* » Le projet d'ouverture d'un chemin vicinal ordinaire (n° 13) le long du chemin de fer est déclaré d'utilité publique le 20 octobre 1905. Depuis l'inauguration de la ligne de chemin de fer en 1843, la commune est divisée en deux parties qui ne sont reliées entre elles que par trois ponts. Plus de huit cent mètres séparent le pont de la Station et celui du Gros Murger. Afin d'améliorer le déplacement des habitants, le conseil municipal adopte dans la séance du 18 mai 1901 les plans et devis que lui présente la Compagnie des chemins de fer de l'Ouest, en vue de la construction d'une passerelle destinée à relier la rue de Puebla à la rue de la Station (aujourd'hui rue Jean Mermoz). Le montant des travaux est de 18 000 francs. Dans sa séance du 22 septembre 1908, le conseil municipal choisit de rebaptiser rue de la Passerelle la sente Puebla qui longe la ligne de chemin de fer.

Avenue des Platanes

Ouverte en 1880 en même temps que le nouveau champ du repos, l'avenue du cimetière devient le 28 février 1936 l'avenue des platanes, suite à une pétition des riverains.

Allée de la Porte Blanche

Colbert fait élever entre 1663 et 1683 un mur depuis la terrasse de Saint-Germain jusqu'aux murs du village de Maisons et du parc du château, afin d'agrandir la forêt. Pour entrer et sortir du domaine forestier, il faut alors passer des grilles ou des portes qui chaque jour sont ouvertes et fermées par un garde forestier. Les habitants de notre région peuvent ainsi se rendre en forêt par les portes du Buisson Richard, du Mesnil, Blanche ou des Pétrons (voir notice).

Rue de Puebla

Le conseil municipal décide le 15 octobre 1863 d'ouvrir deux chemins de 8 mètres de largeur entre le chemin d'Achères et la route départementale n° 47 (avenue du Général De Gaulle) en suivant les deux sentes qui existent déjà. Ces deux chemins sont reliés par le milieu, au moyen d'un troisième chemin transversal parallèle au chemin d'Achères. En effet, « *Il est utile d'adopter dans ce quartier un plan de voies nouvelles à ouvrir, car on commence à y construire, et il importe de ne pas laisser les constructions s'établir au hasard et sans plan d'alignement arrêté d'avance.* » Le premier chemin reçoit le nom de chemin de Mexico et le second de chemin de Puebla. Située sur le plateau central du

Mexique à 2 163 mètres d'altitude, Puebla voit la victoire des Mexicains le 5 mai 1862 sur le corps expéditionnaire français. Mais, en 1863, les Français réussissent à occuper la ville.

Rue du Renard

Elle relie la rue du Gros Murger à la rue du Tir. Sur proposition de monsieur Robert, le conseil municipal décide le 5 septembre 1930 de l'appeler rue du Renard. Selon la légende, le propriétaire d'un pavillon situé le long de la nouvelle voie aurait possédé un renard apprivoisé. Lorsqu'il fallut trouver un nom à la nouvelle rue, on ne chercha pas plus loin.

Jean de La fontaine a fait du renard un de ses personnages favoris et l'a mis en scène 22 fois dans ses fables. Mais aucun des compagnons de Goupil (le corbeau, la cigogne, le loup, le coq…) n'a eu de rue à son nom à Maisons-Laffitte.

Rue Saint-Nicolas

Maisons-Laffitte — Panorama de la rue Saint-Nicolas

Le 15 octobre 1863, le conseil décide d'ouvrir deux chemins entre le chemin d'Achères et la route départementale n° 47 (avenue du Général De Gaulle) en suivant deux sentes qui existent déjà. Ces deux chemins, appelés chemin de Mexico et chemin de Puebla, doivent être reliés par le milieu par un chemin transversal parallèle au chemin d'Achères. Le nom de Saint-Nicolas donné au chemin transversal apparaît pour la première fois dans la délibération du conseil municipal du 9 novembre 1867. Il confirme son prolongement jusqu'à la sente de la Loge en 1875 puis en 1879, mais il faut attendre 1887 pour que celui-ci soit effectif. Le conseil municipal approuve, le 11 novembre 1898, le prolongement de la rue Saint-Nicolas depuis la rue de la Loge jusqu'au mur de la forêt et propose de fixer à 8 mètres la largeur du nouveau chemin. Nicolas naît à Patare vers 260. Il est au IVe siècle évêque de Myre en Lycie, province d'Asie Mineure, actuellement en Turquie méridionale. Il doit affronter les persécutions de l'empereur Dioclétien qui combat farouchement le christianisme naissant et fait un séjour en prison. L'empereur Constantin arrive au pouvoir en 306. Il promulgue en 313 l'édit de Milan qui laisse à chacun la liberté de croyance. Nicolas assiste en 325 au concile de Nicée. Il meurt en 343. Son tombeau se trouve dans la basilique de Myre en Turquie. Les Vénitiens ramènent les reliques de saint Nicolas à Bari en 1087, où une basilique élevée en son honneur est achevée en 1098. Au XIe siècle, un chevalier lorrain, Aubert de Varangeville, ramène à Port une phalange du saint. Une église est construite en 1093 pour accueillir la relique. De Port, le culte de saint Nicolas se répand dans les vallées de la Moselle et du Rhin au XIIe siècle, puis dans toute l'Allemagne au XIIIe siècle. L'église paroissiale de Maisons prend saint Nicolas pour patron.

Rue du Souvenir 1914-1918

L'Allemagne déclare la guerre à la Russie le 1er août 1914. Le même jour, la France décrète la mobilisation générale. Le 3 août, l'Empereur Guillaume II déclare la guerre à la France. Le 18 août Jacques Bertin, caporal au 37e RI, dans le civil quincaillier 30 rue de Paris, est tué à Morhange. Il ouvre la longue liste des Maisonnais qui vont mourir pour la France. Le 10 novembre 1918, Sylvain Cazassus, soldat de la Compagnie du Trésor et des Postes, demeurant passage Saint-Nicolas, est tué à l'ambulance de Roulers en Belgique. Le lendemain, l'Armistice est signé à Rethondes à cinq heures du matin en forêt de Compiègne. Il entre en vigueur à onze heures. Comme Cazassus, d'autres soldats ne bénéficieront pas de la paix retrouvée. Ainsi Henri Danet, du 205e RI, décède le 13 novembre en captivité de la suite de ses blessures. Au total, deux cent quatre-vingt sept Maisonnais sont morts pour la France durant la Grande Guerre. En leur mémoire, le conseil municipal décide le 11 janvier 1938 de rebaptiser le chemin rural des Plantes, rue du Souvenir 1914-1918.

Rue du Tir

Anciennement chemin des Bois Prieurs, du nom d'un lieu-dit, la rue du Tir prend ce nom lorsque le stand de tir est construit en 1883 en bordure de forêt. Le préfet autorise le 8 avril 1879 la création de la Société de tir de Maisons-Laffitte dont les statuts ont été adoptés lors de l'assemblée générale du 24 février 1879. La Société de tir décide de modifier ses statuts lors d'une nouvelle assemblée générale le 14 juin 1879, afin de lui permettre d'acquérir des terrains en vue de construire un stand de tir. Entre novembre 1879 et novembre 1881, elle acquiert 18 parcelles de terrains et en loue deux. Le stand de tir est construit en 1883 en bordure de forêt d'après les plans de l'architecte Louis Granet. Eclairée de sept baies vitrées, la salle mesure vingt-sept mètres cinquante de longueur sur neuf mètres de largeur. Un poste permet le tir au sanglier sur cible à quarante mètres tandis qu'à l'extérieur est aménagé un pas de tir aux pigeons. Le tir sur cibles peut être pratiqué à cent et à deux cents mètres. Un gardien habite sur place. Pour des raisons inconnues, probablement des difficultés financières, l'assemblée générale de la Société de tir décide le 30 juin 1885 sa liquidation. Messieurs Neveux, Ernult et Doucet sont nommés liquidateurs. Mis à prix 10 000 francs, le stand de tir est adjugé aux chandelles à Thomas-Louis Buisson le 9 mai 1886 pour 12 100 francs. Outre le bâtiment, le stand comprend 6 566 m² selon les titres de propriété et 6 830 m² selon l'expertise du géomètre. Thomas-Louis Buisson loue 800 francs par an à compter du 1er janvier 1889 le stand à la Société de gymnastique dont le président est Florimond Lermusiaux. Une nouvelle société de tir est créée en 1892 et un nouveau bail est signé le 1er avril 1900 avec la Société de tir Paris - Maisons-Laffitte pour le stand qui s'étend sur 14 560 m². Pour accueillir en 1905 la cinquième fête annuelle de l'Union des sociétés de tir de France, le stand est agrandi de la largeur de deux baies vitrées. La fête attire 4 000 participants venus de toute la France et aussi d'Italie, de Belgique et de Suisse. Maurice Berteaux, ministre de la Guerre, préside le banquet de clôture qui réunit 450 participants.

Au lendemain de la Grande Guerre, le président de la République Raymond Poincaré assiste le 1er avril 1919 aux épreuves de championnat de France organisées par l'Union des sociétés de tir de France. Durant l'entre-deux-guerres, une dizaine de sociétés utilisent le stand. Parmi celles-ci on peut citer l'USML, le CSML, les Carabiniers de Paris, le personnel des magasins du Printemps, la Société des officiers et sous-officiers de réserve. Après la guerre, le stand sert au Centre d'instruction du 3e RIC installé au camp Gallieni. Le 1er décembre 1958, le 3e RIC devient le 3e RIMA puis, le 1er octobre 1962, le 23e RIMA dont les soldats viennent toujours s'entraîner au stand. Le conseil municipal unanime, se faisant l'interprète de l'ensemble des habitants du quartier, demande dans sa délibération du 18 novembre 1959 la désaffectation du stand, car les exercices de tir constituent une gêne considérable pour les riverains. Suite aux protestations répétées du Comité d'action pour la suppression du stand de tir, la municipalité multiplie les démarches au début des années soixante. Elles sont couronnées de succès en 1965. En effet, le maire de Maisons-Laffitte reçoit, le 13 février, une lettre de monsieur Biros, chef de cabinet du ministre des Armées : « *Vous avez bien voulu attirer mon attention sur la gêne apportée par l'usage du stand de tir de Maisons-Laffitte. Je partage votre point de vue sur la nécessité de cesser les tirs, devenus gênants par suite de l'extension des zones habitées, dont le développement a abouti à englober une installation autrefois isolée. En conséquence, j'ai fait réserver, sur l'exercice 1965, les crédits nécessaires à la construction*

dans un camp, d'un stand de remplacement. Toutefois, cette reconstruction va demander un certain délai, de l'ordre de 18 mois, pendant lequel l'instruction des unités ne peut être arrêtée. Dans un but de conciliation, malgré les servitudes en découlant, j'ai toutefois prescrit que, dès à présent, et sans attendre l'achèvement des travaux, l'usage du stand soit réduit au maximum. Les trois quarts de l'activité actuelle seront ainsi reportés sur l'installation de plein air du champ de tir situé à 2 km de la ville. Les horaires des tirs maintenus seront aménagés par la première région militaire, en liaison avec vous, de façon à apporter la moindre gêne aux habitations voisines. J'espère que ces mesures temporaires débouchant sur une solution définitive seront de nature à satisfaire les populations que vous représentez. »

Le maire de Maisons-Laffitte, Pierre Duprès, signe le 11 septembre 1973 l'acte d'acquisition de la propriété de monsieur Buisson sur laquelle s'élève le stand de tir désaffecté depuis 1966.

Rue de l'Union

La souscription collective au profit de la commune en vue de l'ouverture d'une rue nouvelle entre la rue d'Achères et le chemin de fer est acceptée par le conseil municipal le 9 août 1897. Les 27 propriétaires concernés ont décidé d'abandonner gracieusement à la commune les 8 mètres de terrain nécessaires à l'ouverture de la voie. Ils ont également décidé d'offrir une somme de 1 500 francs pour l'expropriation qu'il y a lieu de faire des deux terrains Kamermann et Eugène Favrot. L'ouverture de la nouvelle rue située au lieu-dit le Clos Traby est adoptée le 24 février 1899 par le conseil municipal. Le nom de ce lieu-dit est celui d'un bourgeois parisien, propriétaire à Maisons au XVIIe siècle. La rue du Clos Traby est rebaptisée le 21 mai 1902 rue de l'Union à l'instigation de monsieur Kamermann. En effet tous les propriétaires ont fait preuve de bonne volonté pour sa création. Elle consacre par ce nom l'union de tous les riverains.

De l'avenue du Général De Gaulle à la rue des Côtes

Rue d'Alsace

Monsieur Vellu cède gratuitement à la commune en 1866 l'impasse qu'il a créée sur sa propriété. Plusieurs propriétaires demandent en novembre 1873 à la commune d'ouvrir une rue entre la route départementale n° 47 (avenue du Général De Gaulle) et le chemin des Canus. La commune accepte, à condition qu'ils abandonnent gratuitement les parcelles de terrain nécessaires au percement de la rue sur une largeur de 7 mètres. Le conseil municipal, par 9 voix contre 5, donne le 22 mai 1883 le nom de rue d'Alsace à cette voie.

Rue des Canus

Le nom de la rue des Canus vient d'un très ancien lieu-dit. Son origine est incertaine. Selon Pierre Dhers, il pourrait s'agir d'une espèce de gibier d'eau. Dans le récent *Dictionnaire historique du monde rural* de Marcel Lachiver, *canut* avec un *t* est un cépage blanc du Lot-et-Garonne non identifié, encore appelé « œil de Tours », à grains ovoïdes, à peau épaisse, jaune clair à maturité. La rue des Canus doit peut-être son nom aux vignes qui se trouvaient à cet endroit.

Rue du Chemin Vert

Ce chemin tire son nom des haies vives qui le bordaient. Il n'y avait des haies que le long des chemins empruntés par le bétail. Il descendait à l'origine probablement jusqu'aux prés des bords de Seine.

Rue du Clos

Monsieur Johnson possédait plus de deux hectares de terrain de part et d'autre de la rue des Côtes. Pour les lotir, il crée la rue Marguerite (nom de sa fille), la rue Henry (nom de son gendre, le général Henry) et la rue du Clos, parce que ces terrains faisaient partie jadis d'un vaste verger seigneurial, le clos des Côtes.

Chemin du Clos Briquet

Nom d'un ancien lieu-dit portant le patronyme d'un bourgeois parisien propriétaire à Maisons au XVIIe siècle.

Rue des Côtes

Le conseil municipal décide, le 15 octobre 1863, que la rue du Mesnil se terminera au pont du chemin de fer. A partir de cette date, son prolongement porte le nom de chemin des Côtes.

Fin 1895, son élargissement est ainsi décrit : « *La rue du Clos des Côtes aura dix mètres de largeur quand le grand mur qui la borde dans toute sa longueur sera démoli et, suivant l'alignement, reculé de deux mètres. A partir de l'extrémité de ce mur, une sente, suivant une ligne brisée, va aboutir à la limite du territoire et finir un peu plus loin à la route de Saint-Germain. (...) L'élargissement projeté commencerait à partir de l'extrémité du clos des Côtes, sur le côté droit, devant les propriétés de messieurs Trussy et Chevalier, il serait établi un rond-point au carrefour d'où partirait d'un côté la rue de la République déjà faite et bâtie.* »

Le 18 juin 1898, le conseil municipal adopte finalement le projet d'élargissement de la sente des Côtes, en une rue de 10 mètres de large, suivant un tracé en ligne droite et non brisée. La sente n'étant pas très fréquentée, le projet du rond-point au niveau de la rue de la République est rejeté.

Rue Croix Castel

Ancien intendant de Jean-René de Longueil, Bernard Castel donne le 1er mai 1746 à la paroisse de Maisons trois perches de terre (soit environ 15 mètres carrés) au lieu-dit les Canus, sur lesquelles il entend « *faire édifier incessamment à ses propres frais et despens une crois (sic) en pierre de dix-huit à vingt pieds environ* », soit six mètres à six mètres et demi. La parcelle, bien d'Eglise, devient bien national à la Révolution. Elle est vendue 125 livres le 15 germinal an VII (mars 1795) à Philippe Toulouppe qui possède alors une parcelle voisine. L'affiche de la mise en vente parle de « *trois perches de terre plantées de 6 tilleuls, dans lesquelles il y avait planté une croix, tenant d'un côté à la route des Petits Bois* (actuelle avenue de Saint-Germain), *d'autre côté le citoyen Sincère Lainé, d'un bout Philippe Toulouppe et d'autre bout Charles Messager* ». C'est-à-dire à la jonction de ces trois parcelles, derrière l'actuel restaurant italien Ribot, à 13 mètres environ en arrière de sa façade sur l'avenue de Saint-Germain. Cette croix ne figure pas sur le plan cadastral de 1820, en revanche celui-ci mentionne le chemin de la Croix Castel, qui s'appelait jadis chemin des Canus et correspond de nos jours à la rue des Canus et à la rue Etienne Péroux.

En 1841 et 1842, la Compagnie du chemin de fer de Paris à Rouen achète, par voie d'expropriation, toutes les parcelles et creuse la tranchée où passent les voies. Le 18 février 1844, le conseil municipal décide de construire une nouvelle rue en bordure de la voie ferrée. On lui donne plus tard le nom de la Croix Castel qu'elle porte toujours, mais elle n'a rien à voir avec l'ancien chemin du même nom. Le conseil municipal décide le 12 octobre 1894 que le pont de la Croix Castel sera reconstruit avec une largeur de 6 mètres, comprenant une chaussée de 5 mètres et deux trottoirs de 0,50 mètre chacun. Il s'engage en outre à payer à la Compagnie des chemins de fer de l'Ouest une somme de 1 800 francs pour l'indemnisation du supplément de dépense résultant de l'élargissement de ce pont.

Avenue du Général De Gaulle

Le 18 août 1906, le conseil municipal adopte à l'unanimité la proposition de monsieur Giroux d'installer deux ou trois bancs sur l'avenue. « *Monsieur Giroux fait remarquer que l'avenue de Poissy est la promenade favorite d'un grand nombre d'habitants parmi lesquels se trouvent des femmes et des vieillards, qui sont bien heureux de trouver sur leur chemin un banc pour se reposer. Il estime que dans un lieu de villégiature comme Maisons-Laffitte, il ne faut rien négliger de ce qui peut rendre les promenades plus agréables.* » En 1970, cette avenue n'est plus un lieu de promenade mais l'une des artères les plus importantes de notre ville. Aussi le conseil municipal décide-t-il le 11 décembre de lui donner le nom du Général De Gaulle. L'inauguration a lieu le 31 janvier 1971. Pour le centenaire de la naissance du général De Gaulle, une stèle est inaugurée le 10 novembre 1990 place de la Libération, face à la sortie de la gare.

Charles De Gaulle naît à Lille le 22 novembre 1890 dans une famille royaliste et pratiquante. Après des études chez les jésuites, il fait Saint-Cyr. A sa sortie de l'école, il est affecté au 33ᵉ régiment d'infanterie commandé par le colonel Philippe Pétain. Durant la Grande Guerre, il est blessé à trois reprises. Fait prisonnier à Douaumont le 2 mars 1916, il tente cinq fois de s'évader, à chaque fois il est repris et interné dans un camp différent. Après la guerre, il épouse le 7 avril 1921 Yvonne Vendroux. Excellent pédagogue, il enseigne l'histoire à Saint-Cyr mais n'est pas admis comme enseignant à l'Ecole de guerre du fait de ses idées. Le maréchal Pétain l'appelle en 1925 à son cabinet et lui demande d'écrire une histoire du soldat français. Un différend les opposant sur la signature de l'ouvrage, De Gaulle est envoyé en 1927 à Trèves puis de 1929 à 1931 au Liban. A son retour, il est affecté au secrétariat général de la Défense nationale. Il publie à cette époque deux ouvrages : *Le fil de l'épée* en 1932 et *Vers l'armée de métier* en 1934, livre où il défend la création d'unités de « moteurs cuirassés ». En 1937, il est nommé à la tête du 507ᵉ régiment basé à Metz. Après avoir commandé en 1939 plusieurs unités de chars de la Vᵉ armée, l'état-major lui confie le 10 mai 1940 le commandement de la

4e division cuirassée. Nommé général de brigade à titre temporaire le 1er juin, le président du Conseil Paul Reynaud lui offre quatre jours plus tard le poste de sous-secrétaire d'Etat à la Défense. Quand, le 16 juin, le cabinet Reynaud cède le pouvoir au gouvernement Pétain-Laval, De Gaulle gagne Londres d'où il lance le 18 juin sur les ondes de la BBC son fameux appel à la résistance. Le tribunal militaire de Clermont-Ferrand le condamne à mort le 2 août tandis que Churchill le reconnaît comme « chef des Français libres » le 7 août.

De Gaulle débarque à Courseulles le 11 juin 1944 et, le 26 août, il descend les Champs-Elysées acclamé par les Parisiens qui viennent d'être libérés. Il forme le 3 septembre un gouvernement provisoire mais, face à l'opposition des partis à sa politique, il démissionne le 20 janvier 1946. L'année suivante, il crée le Rassemblement du peuple français qui disparaît en 1953. Commence alors une « traversée du désert » durant laquelle il rédige ses *Mémoires de guerre*. Suite au soulèvement d'Alger le 13 mai 1958, la président René Coty l'appelle à la présidence du Conseil le 29 mai. De Gaulle rédige une nouvelle constitution qui est approuvée par référendum en septembre 1958. Il est élu président de la République en janvier 1959 par le collège des grands électeurs. Après l'autodétermination de l'Algérie votée en 1959, les accords d'Evian signés le 18 mars 1962 avec le Front de libération nationale (FLN) reconnaissent son indépendance. Le général De Gaulle est victime au mois d'août 1962, au Petit-Clamart, d'un attentat de l'Organisation de l'armée secrète (OAS) qui manque de lui coûter la vie. Après la victoire du non au référendum sur la réforme du Sénat et la régionalisation, De Gaulle démissionne le 27 avril 1969 et se retire à Colombey. Il y rédige ses *Mémoires d'Espoir* qui restent inachevés à son décès le 9 novembre 1970.

Rue du Maréchal Foch

La transformation de la sente du Bois Bonnet, du nom d'un lieu-dit, en une voie de 10 mètres de largeur, est décidée en 1865 afin de permettre la desserte des maisons qui

s'élèvent dans le quartier. Cependant, le tracé de la nouvelle voie reliant l'avenue de Poissy à la rue de la Procession n'est adopté qu'en 1874. Un habitant de la rue, l'architecte Loutellier, fait circuler en mars 1929 une pétition afin de rebaptiser la rue du nom du Maréchal Foch, commandant en chef des forces franco-britanniques en 1918. Le conseil municipal accède à sa demande le 3 avril 1929.

Ancien élève de l'Ecole polytechnique, Ferdinand Foch (1851-1929) intègre l'artillerie en 1873 puis est admis en 1885 à l'Ecole supérieure de la guerre. Il n'est promu général de brigade qu'à l'âge de 55 ans. Après avoir commandé le 20e corps d'armée en août 1914, il prend le commandement du groupe d'armées du Nord. Nommé chef d'Etat-major après l'échec de l'offensive Nivelle et les troubles de 1917, il devient général en chef au printemps 1918. Il déclenche l'offensive qui aboutit à la capitulation de l'armée allemande et à l'armistice du 11 novembre 1918. Foch reçoit le bâton de maréchal de France en août 1918, celui de Grande-Bretagne en 1919 et celui de Pologne en 1923.

Rue du Haut des Petits Bois

Fin 1895, elle est ainsi décrite : « *La sente des Petits Bois commence rue de la République, environ à cent mètres du chemin de Poissy, s'avance dans la plaine, dans la direction de l'ouest sur une longueur d'environ soixante-dix mètres et se continue en faisant un angle obtus dans la direction du clocher du Mesnil, pour finir au chemin dit de la Procession, séparatif avec le terrain de cette commune qu'elle rencontre presque à angle droit.*

Cette sente n'est pas encore bordée de constructions, plusieurs propriétaires se disposent à construire, elle ne tardera pas à devenir une rue. La largeur de la rue projetée est de dix mètres comme la rue voisine du Bois Bonnet (rue du Maréchal Foch). » Le conseil municipal décide à l'unanimité, le 18 juin 1898, l'élargissement à 10 mètres du chemin rural n° 9 connu sous le nom de sente du Haut des Petits Bois.

Rue Henry

Le général Henry (Henri-Jean-Auguste Clément) naît le 19 juillet 1866 à Saint-Mihiel dans la Meuse. Après Saint-Cyr (1885-1887) il commence sa carrière au 152e RI. Il épouse le 9 janvier 1900 Marguerite Johnson. Détaché en 1905 à la section technique de l'infanterie, il est nommé le 23 mars 1910 chef de bataillon au 104e RI avec lequel il part en guerre en août 1914. Devenu lieutenant-colonel au 317e RI le 4 décembre 1914, il se distingue à la tête de son régiment en Champagne en 1915, à Verdun en 1916 puis de nouveau en Champagne en 1917. Grièvement blessé le 15 juillet 1918 au château de Vandières, il est fait prisonnier. Rapatrié en janvier 1919, il commande les 28e et 24e RI. Nommé général de brigade le 25 juin 1924, il reçoit le commandement de la 15e DI à Dijon. Il meurt le 19 juillet 1926, jour de son admission dans la réserve, à Saint-Malo.

Place Ianchelevici

Le conseil municipal autorise le maire, le 18 août 1880, à demander au préfet un décret déclarant d'utilité publique la création d'une place entre la route départementale n° 47 (avenue du Général De Gaulle) et le chemin des Canus. Le conseil municipal décide, le 24 février 1945, d'appeler place de la Libération ce carrefour. Mais le 13 juin 1946, les conseillers municipaux constatent que : « *Les frais d'aménagement et notamment ceux de déplacement du transformateur installé sur ladite place ont été estimés à une somme*

importante. La commission de la voirie est d'avis d'abandonner ce projet dont la réalisation est trop onéreuse. Elle propose donc de donner le nom de square de la Libération à l'emplacement non encore dénommé, circonscrit par la rue d'Achères, la place de la Gare et la voie ferrée. » Le conseil se range à l'unanimité à cet avis. La délibération du 24 février 1945 est annulée.

A la demande du nouveau maire de Maisons-laffitte, Jacques Myard, qui souhaite affirmer la vocation hippique de la ville, Ianchelevici réalise en 1989-1990 une sculpture représentant non pas un mais deux jeunes chevaux qui « *piaffent d'impatience d'aller aux courses* ». L'œuvre est prévue pour occuper le centre de la nouvelle place qui doit être créée dans la ZAC de « L'entrée de Maisons », près du château. Cette sculpture monumentale que Ianchelevici appelle *Impatience d'Avenir* doit être agrandie à l'échelle 3 avant d'être coulée en bronze. Le modèle en plâtre est présenté au public le 10 octobre 1990 en présence de l'ambassadeur de Belgique, du maire de Maisons-Laffitte et d'Haroun Tazieff. Ianchelevici ne verra pas la réalisation de son œuvre. En effet, la crise immobilière survenue entretemps stoppe le lancement de la ZAC et le financement du monument que l'opération immobilière aurait permis. Fin 1999, le maire propose d'intégrer *Impatience d'Avenir* à l'échelle 1 au nouveau rondpoint aménagé par le département face à la caserne des pompiers. *Impatience d'Avenir* est inaugurée le 19 mai 2001 par Franck Borota, président du conseil général des Yvelines, Jacques Myard, député-maire de Maisons-Laffitte, et Michel Varagnac, président de l'Association française des amis de Ianchelevici.

Le conseil municipal décide, le 27 juin 2002, de dénommer le rond-point place Ianchelevici.

Idel Ianchelevici est né en 1909 à Léova en Roumanie. Après un premier prix de statuaire à l'Académie des beaux-arts de Liège obtenu en 1933, il expose à Amsterdam, La Haye, Rotterdam, Bruxelles, Liège. Il s'installe en 1950 à Maisons-Laffitte dans d'anciennes écuries, 6, avenue Wagram. En Belgique ses principaux monuments se trouvent à La Louvière, Breendonk, Saint-Nicolas, Liège, Anvers et Bruxelles. Tel-Aviv, Haïfa et En Harod en Israël, Brazzaville au Congo possèdent également des sculptures de Ianchelevici. En 1987 est inauguré à La Louvière, en Belgique, un musée entièrement consacré à son œuvre avec 200 sculptures et 2 000 dessins. Depuis 1991, Maisons-Laffitte possède également près de la vieille église un musée Ianchelevici où sont exposées une cinquantaine de sculptures et de médaillons ainsi qu'une centaine de dessins. Enfin, aux Pays-Bas, un musée Ianchelevici a été ouvert en 1996 à Goudriaan. Idel Ianchelevici est décédé le 26 juin 1994 et repose au cimetière de Maisons-Laffitte.

Rue Johnson

En 1868, madame Johnson propose à la commune d'ouvrir sur sa propriété une rue de 8 mètres de largeur qui, partant du chemin n° 48 (avenue de Saint-Germain), aboutirait à la Seine après avoir coupé le chemin du Clos des Côtes (rue des Côtes). Le terrain nécessaire au percement de cette nouvelle rue est offert gracieusement à la commune, qui accepte le 24 novembre 1868 la proposition de madame Johnson. Mais, 9 ans plus tard, la municipalité se heurte à des difficultés insurmontables pour son ouverture. En 1880, le prolongement jusqu'à la Seine n'est toujours pas réalisé faute d'accord avec les propriétaires concernés.

Rue Marguerite (voir rue du Clos)

Rue Etienne Péroux

Etienne Péroux, géologue et chimiste distingué, acquiert la conviction après de nombreuses études et recherches, qu'un forage creusé à Maisons-Laffitte peut atteindre les sables verts de l'Albien et fournir une eau d'une qualité exceptionnelle aux Maisonnais. Il réussit à rallier à son projet le conseil d'administration de la Compagnie des eaux de Maisons-Laffitte. Commencé le 25 septembre 1907, le forage est terminé le 28 mai 1909. D'une profondeur de 576 mètres, l'eau jaillit avec un débit de 600 mètres cubes par heure. Le 18 mai 1932, le conseil municipal donne son nom à la partie de la rue des Canus située entre l'avenue de Saint-Germain et la rue des Côtes.

Rue de la Procession
Elle doit son nom aux rogations que faisaient les habitants chaque année, durant les trois jours qui précèdent l'Ascension, afin de demander à Dieu de bonnes récoltes.

Sente de la Procession
Ce passage est mentionné tout au long du XIXe siècle sous le nom de sente des Bernigots du nom d'un lieu-dit.

Rue de la République
La création de la rue de l'Ouest entre la rue des Petits Bois (avenue de Saint-Germain) et la rue du Bois Bonnet (rue du Maréchal Foch) est décidée le 22 mai 1881. Son prolongement jusqu'à la route de Poissy (avenue du Général De Gaulle) est adopté le 12 août 1882. Mais il faut attendre le 10 novembre 1884 pour que le tracé définitif en soit arrêté : « *Il devrait partir de la route des Petits Bois presque en face de l'angle extérieur de la propriété ayant façades sur la route des Petits Bois et la rue Godet, pour se diriger en ligne droite jusqu'à sa rencontre avec la sente du Mesnil, en passant le long du mur de droite de la maison Philippon, ce qui permettrait de cette façon de prendre d'enfilade dans le sens de leurs longueurs, les pièces nécessaires à l'établissement de cette rue.* » Le conseil municipal donne, le 27 février 1890, le nom de rue de la République à la rue Godet et à la rue de l'Ouest.

Avenue de Saint-Germain
Au XVIIe siècle, elle forme avec l'avenue Longueil une seule avenue bordée d'arbres et appelée avenue des Petits Bois. La fille de Jacques Laffitte, la princesse de la Moskova, vend les bas-côtés de l'avenue en 1850 comme terrains à bâtir. Ainsi s'explique le rétrécissement observé entre la rue des Canus, la rue Etienne Péroux et le pont de chemin de fer. Cette partie est mise en sens unique en 1952. Le conseil municipal donne le 27 février 1890 le nom d'avenue de Saint-Germain à la route des Petits Bois.

Rue Saint-Martin
La rue Saint-Martin, située entre la rue Croix Castel et la rue des Canus, est ouverte en 1868 à l'emplacement d'une sente. Sa largeur est fixée à 4,40 mètres.

Rond-point du Tir
Bélanger, l'architecte du comte d'Artois, prolonge l'avenue Bergeret par une route neuve jusqu'à l'avenue de Poissy sur laquelle il trace un rond-point faisant le pendant de la place Napoléon.

Les passages et impasses

Ceux-ci peuvent être classés en trois groupes ; le premier concerne 15 voies qui portent le même nom que la rue desservie. Il suffit de se reporter à la notice de cette dernière : Achères, Château, Cordonnières, etc.

Le deuxième groupe rassemble des voies dont le nom évoque la campagne et ne mérite pas d'explications : rue du Beau Site, allée du Bel Air, du Clos Fleuri, des Marronniers, des Mésanges, des Plantes ; l'une d'elles est dénommée des Travailleurs !

Le troisième est composé de 8 impasses qui portent souvent le nom ou le prénom du propriétaire qui a loti le terrain : Claude Blanc, Georges, Albert Joly, Marie-Louise, Marie-Thérèse, Andrée Paulette, Régor, Kamermann.

Quelques passages ou impasses méritent toutefois d'avoir leur propre notice. Il s'agit de la rue de l'Entente Cordiale et du passage Reignat.

LE PETIT PARC

Avenue Eugène Adam

Une nouvelle voie est ouverte en 1936 entre la rue de Paris et l'avenue de La Rochefoucault. Le conseil municipal décide dans sa délibération du 19 mai de lui donner le nom d'Eugène Adam, ancien président de la Société sportive d'encouragement « *considérant qu'il a contribué heureusement à l'amélioration de la race chevaline et au développement du centre d'entraînement de Maisons-Laffitte, l'un des plus importants du monde* ».

Eugène Adam (1840-1904) débute dans le monde des courses comme propriétaire. Sa casaque grenat et rose connaît quelques brillants succès en obstacles et il remporte avec « Vanille », en 1889, la grande course de haies. Il crée en 1887 une société de courses et réussit progressivement à regrouper différentes sociétés de courses de la région parisienne. Sous l'égide de la Société d'encouragement, il organise les courses de Maisons-Laffitte, Enghien, Saint-Ouen, Le Vésinet et La Marche. Il est fait chevalier de la Légion d'honneur en 1900.

Avenue Alexandre III

En 1877, le nouveau propriétaire du château, le peintre Vassili Tilmanovitch Grommé, décide de lotir une dizaine d'hectares du Petit Parc. Le plan du lotissement appelé Villa du Château est dressé par un architecte de Neuilly, monsieur Leclère, qui trace de nouvelles voies dont l'avenue Alexandre III.

Alexandre III Alexandrovitch, second fils d'Alexandre II, est né le 10 mars 1845 à Saint-Petersbourg. En 1866, il épouse la princesse Dagmar de Danemark avec laquelle il aura six enfants dont l'aîné est Nicolas II, son successeur.

Au lendemain de l'assassinat de son père dont il avait adopté les idées réformatrices, il bascule dans le camp des conservateurs. Il freine non seulement les réformes promues par son père mais il opère dans certains domaines un retour au passé. Tout ce qui vient de l'étranger, en particulier de l'Allemagne, est rejeté. Dagmar, devenue la grande-duchesse Marie, pousse au rapprochement avec la France. L'alliance franco-russe est scellée dans les dernières années de son règne et l'épargne française est drainée par l'emprunt russe vers les nouveaux centres industriels du pays. Empereur en 1881, Alexandre III décède le 1er novembre 1894 à Livadia et est enterré le 19 novembre 1894 à Saint-Petersbourg, dans la cathédrale de la forteresse Pierre et Paul.

Avenue Belleforière

Elle est créée en 1877 lors du lotissement de la Villa du Château (voir notice Alexandre III). De l'avenue du Château (avenue du Général Leclerc) à l'avenue Jean-

Jacques Rousseau, elle porte d'abord le nom d'avenue de la Ferme. Son prolongement jusqu'à l'avenue Eugène Adam est décidé en 1938. A la mort de René-Prosper de Longueil en 1732, le marquisat de Maisons revient à la marquise Marie-Renée de Belleforière. Fille de Charles-Maximilien-Antoine de Belleforière, marquis de Soyecourt, grand veneur de France, et de Marie-Renée de Longueil, elle est aussi la petite-fille de René de Longueil et de Madeleine Boullenc de Crèvecœur. Alors septuagénaire, elle est, depuis 1695, veuve de Timoléon Gilbert de Seiglières, seigneur de Boisfranc, qu'elle a épousé en 1682. Le 28 août 1736, à l'occasion du contrat de mariage entre son petit-fils Louis-Armand de Seiglières et Marie-Anne-Paule de Beauvillier, elle fait donation aux époux du marquisat de Maisons. La marquise de Belleforière décède le 25 avril 1739.

Avenue Carnot

Au début du XVIIe siècle, il s'agit de la route qui va à Saint-Sébastien, lieu-dit près de Fromainville. Elle part des jardins du château et suit notre actuelle avenue Béranger.

Lors du lotissement du Petit Parc, la section qui va de la rue de l'Eglise à l'avenue Alexandre III est dénommée rue du Château et son prolongement jusqu'à l'avenue Corneille avenue Amélia. Le président de la République Sadi Carnot, élu en 1887, est assassiné à Lyon le 24 juin 1894 par l'anarchiste italien Caseiro qui a voulu venger Ravachol. Le conseil municipal de Maisons-Laffitte assiste au grand complet à ses obsèques nationales.

Petit-fils de Lazare Carnot, « l'organisateur de la victoire », et fils d'Hippolyte Carnot, ministre de l'Instruction publique en 1848, Sadi Carnot est né en 1837 à Limoges. Ancien élève de l'Ecole polytechnique, il est élu député de la Côte-d'Or en 1871, où il siège avec la gauche républicaine. Plusieurs fois ministre, il est élu en 1887 à la présidence de la République pour succéder à Jules Grévy qui vient de démissionner après le scandale des décorations.

Avenue de Condé

Wilhem Grommé et Elisabeth Heyde, cousins germains et héritiers de Grommé, vendent le domaine le 10 mars 1904 à la Société anonyme des terrains du château de Maisons-Laffitte constituée pour l'occasion par Joseph Simondet. Le géomètre Singer, avec le concours des architectes Richter et Thiré, trace un plan de lotissement. Parmi les nouvelles avenues destinées à desservir les parcelles de terrain mises en vente, figure l'avenue de Condé.

Louis II de Bourbon, prince de Condé, appelé le Grand Condé, est né en 1621. Très jeune, il est formé à l'art militaire. Durant la guerre de Trente Ans, il bat les Espagnols à Rocroi en 1643. Il rejoint Turenne en Allemagne où il s'empare de Fribourg, Landau et Mayence. En 1645, il prend Dunkerque aux Espagnols et trois ans plus tard, Lens. Se méfiant de lui, Mazarin le fait emprisonner puis le relâche. Condé prend la tête de la Fronde des princes. Battu par Turenne au faubourg Saint-Antoine, il passe du côté de l'armée espagnole et prend part à la bataille des Dunes (1658) que Turenne remporte. A la signature du traité des Pyrénées, il obtient le pardon de Louis XIV. Reprenant du service pour le roi de France, il conquiert la Franche-Comté en 1668. Après avoir été commandant en chef des armées françaises en 1675, il se retire au château de Chantilly où il s'entoure d'écrivains et de poètes parmi lesquels se trouvent Boileau et Racine. Il décède en 1686 et c'est Bossuet qui prononce son oraison funèbre.

Avenue Edouard VII

Albert-Edouard (1841-1910), fils aîné de la reine Victoria et du prince Albert de Saxe-Cobourg, passe sa jeunesse à voyager dans les possessions de l'Empire britannique et en Amérique du Nord. Francophile, il aime s'encanailler à Paris où il fréquente assidûment les cabarets : Moulin Rouge, Folies-Bergère, Moulin de la Galette… Lorsqu'il accède enfin au trône d'Angleterre en 1901, à l'âge de soixante ans, Edouard VII favorise le rapprochement entre la France et l'Angleterre qui se conclut par l'Entente cordiale en 1904. La décennie de son règne (1901-1910), qui s'inscrit entre la fin de la guerre des Boers et avant les tensions annonciatrices de la Grande Guerre, lui vaut le surnom de « roi pacificateur ». Pour les Britanniques, l'époque édouardienne est synonyme de « belle époque ».

Avenue Henry Marcel

Directeur des Beaux-Arts, Henry Marcel signe le 12 janvier 1905 l'acquisition par l'Etat du château et d'une parcelle de terrain de 9 653 mètres carrés moyennant la somme de deux cent mille francs.

Avenue du Général Leclerc

Cette avenue est durant près de deux siècles et demi l'avant-cour du château. A la suite de la construction du château réalisée de 1640 à 1646, le pavillon de l'écurie, à gauche de l'avant-cour, est élevé vers 1650. A cette date, un marché est passé pour dorer la pomme et la couronne du dôme de l'avant-cour du château, c'est-à-dire du dôme carré des écuries. L'avant-cour est fermée en 1651 par deux pavillons qui encadrent un saut-de-loup, place du Château. Puis René de Longueil passe en 1658 un nouveau marché pour les colonnes doriques qui doivent faire pendant, à droite de l'avant-cour, au portail des écuries.

Jacques Laffitte fait démolir les écuries en 1834 afin de livrer des matériaux de construction bon marché aux acquéreurs de terrains à bâtir dans le parc. Seul est épargné l'abreuvoir, qui est aujourd'hui inclus dans la villa *La Grotte* au 2 bis, avenue du Général Leclerc. En 1877, au moment du premier lotissement du Petit Parc, les deux pavillons jumeaux de l'avant-cour sont détruits, le saut-de-loup est comblé et l'avant-cour devient une avenue desservant les terrains mis en vente. Le conseil municipal décide le 2 février 1948 de donner le nom du général Leclerc à l'avenue du Château *« qui se trouve en direction du camp de Maisons-Laffitte où le dépôt de la 2ᵉ DB blindée a été établi après la libération du territoire »*. Cette décision fait suite à une demande des anciens

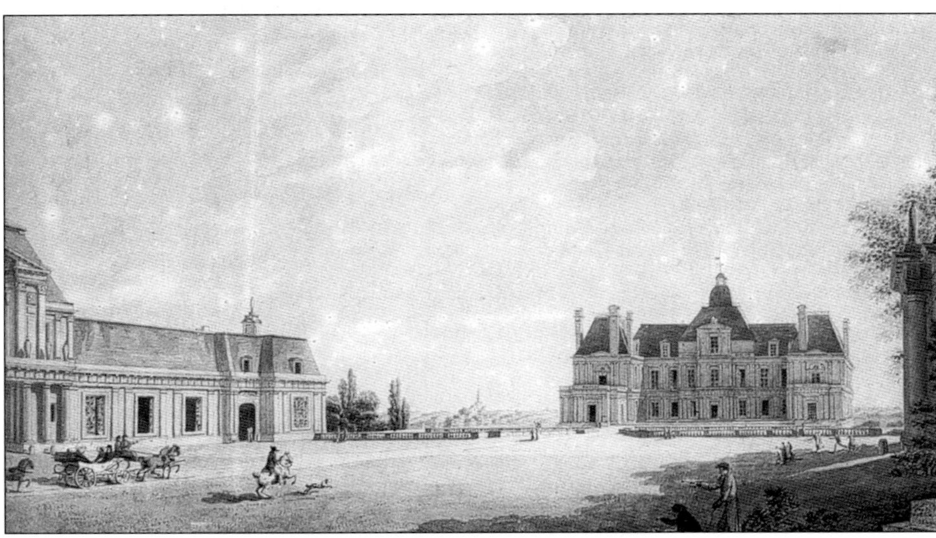

combattants après la disparition tragique du général Leclerc dans un accident d'avion en 1947. L'inauguration a lieu le 30 mai 1948.

Philippe de Hautecloque, dit Leclerc, naît le 28 novembre 1902 à Belloy-Saint-Hilaire, en Picardie. Ancien élève de Saint-Cyr et de Saumur, il est reçu premier à l'Ecole de guerre en 1938. Fait prisonnier à deux reprises durant la campagne de France, il s'évade et rejoint le général De Gaulle à Londres. Il rallie en août 1940 le Cameroun puis le Tchad à la France libre. Après la prise de Koufra le 2 mars 1941, il fait serment de ne pas déposer les armes avant d'avoir fait flotter le drapeau français sur la cathédrale de Strasbourg. Promu général de brigade, il fait la jonction à Tripoli en 1943 avec les troupes du général Montgomery. Puis il est chargé de former au Maroc la 2e division blindée avec différentes unités d'Afrique. La 2e DB débarque le 1er août 1944 en Normandie et entre le 24 août dans Paris où Leclerc reçoit la reddition de Choltitz. Strasbourg est libéré le 25 novembre. Le périple s'achève avec la prise de Berchtesgaden. Leclerc est envoyé en Indochine en 1945 comme commandant des forces terrestres. Il est nommé en 1946 inspecteur des forces d'Afrique du Nord. Il décède le 28 novembre 1947 dans un accident d'avion. Il est élevé à la dignité de maréchal de France à titre posthume en 1952.

Avenue Le Nôtre

Contrairement à une légende tenace, André Le Nôtre (1613-1700) n'a pas dessiné le parc du château de René de Longueil. Lors de l'édification du château (1640-1646), François Mansart ne trace que nos actuelles avenues Albine et Eglé. Le reste du parc reste en devenir. Il est occupé par des vignes, des vergers et des cultures. Le tracé des avenues ne se fera que progressivement. André Le Nôtre conçoit le parc de Vaux-le-Vicomte (1655-1661) et celui du château de Versailles dont il supervise la réalisation durant trente ans.

Avenue Louvois

L'avenue est créée en 1905 en même temps que l'avenue de Condé (voir notice).

Associé à son père depuis 1662, François Le Tellier, marquis de Louvois (1639-1691), lui succède en 1677 à la charge de secrétaire d'Etat à la Guerre. Travailleur infatigable, il réorganise l'armée, multiplie les inspections, bâtit des casernes et des magasins de vivres. Louvois est à l'origine de la création de l'Hôtel des Invalides (1674). Très apprécié de Louis XIV, il assume également d'autres charges. Surintendant des Postes à partir de 1668, il succède à Colbert en 1683 comme surintendant des Bâtiments, Arts et Manufactures. Dès 1675, il institue l'ordre du tableau qui prend en considération l'ancienneté et non plus la naissance pour les promotions. Il dote l'armée du fusil à baïonnette à douille et de la carabine rayée. Deux graves fautes entachent sa mémoire : la dévastation du Palatinat en 1674 et l'action des dragonnades contre les protestants.

Avenue du Louvre

Après son rachat par l'Etat en 1905, le château est restauré par l'architecte des Monuments historiques monsieur Malençon. Il est rattaché aux musées nationaux par décret du 23 février 1911. Paul Vitry, conservateur adjoint du Louvre, assure la décoration et la conservation du château qui devient une annexe du Louvre par décret du 15 mars 1911. Il est ouvert au public le 26 juillet 1912.

Avenue François Mansart

L'avenue est créée en 1905 en même temps que l'avenue de Condé (voir notice). Représentant de l'architecture classique, François Mansart (1598-1666), dont le père était charpentier, fait son apprentissage chez son beau-frère le sculpteur Germain Gauttier puis chez son oncle maître maçon, Marcel le Roy. Sa première commande en 1623 concerne la façade de l'église des Feuillants, rue Saint-Honoré à Paris. Dans les années 1620, il restructure des châteaux existants : Berny, Coulommiers, Plessis-Belleville et l'hôtel de l'Aubépine. Puis il construit le château de Balleroy en Normandie et l'église Notre-Dame-de-la-Visitation, rue Saint-Antoine à Paris. Mansart reçoit en 1635 deux importantes commandes qui lui permettent de donner la pleine mesure de son art. Pour le secrétaire d'Etat Louis Phélypeaux de La Vrillière, il construit à Paris un somptueux hôtel particulier et pour Gaston d'Orléans, frère du roi, un nouveau corps de logis au château de Blois, première étape de la reconstruction du château, qui n'aura pas de suite.

René de Longueil lui commande vers 1640 les plans de son château neuf dont le chantier commence par les terrassements et les plantations. Le gros œuvre est terminé en 1646, date gravée sur le frontispice côté jardin. Le bâtiment de l'écurie de l'avant-cour suit en 1650. La reine Anne d'Autriche a demandé en 1645 à Mansart d'ajouter une église et un palais au couvent du Val-de-Grâce. Le coût des travaux et les hésitations de Mansart entraînent sa disgrâce. Après cet échec, il intervient sur la transformation et l'agrandissement d'hôtels de la bourgeoisie et de la noblesse. A la demande de Colbert, il dessine des projets pour la construction de la chapelle funéraire des Bourbons à Saint-Denis et pour l'agrandissement du Louvre, qui resteront sans suite. François Mansart meurt en 1666.

Avenue Nicolas II

Elle est créée en 1877 lors du lotissement de la Villa du Château (voir notice Alexandre III) et s'appelle d'abord avenue du Commerce. Le dernier tsar de Russie Nicolas II Alexandrovitch naît à Tsarskoïe Selo en 1868. Il épouse en 1894 une princesse allemande, Alice de Hesse-Darmstadt, qui prend le nom d'Alexandra. Au décès de son père Alexandre III, il lui succède le 1er novembre 1894 et se fait couronner le 26 mai 1895. Il maintient un régime autocratique sans avoir les qualités requises pour exercer le pouvoir absolu. Partisan de l'expansion russe en Asie, sa guerre contre le Japon en 1904-1905 est un échec et provoque la révolution de 1905. Obligé de convoquer l'assemblée législative, la douma, il lui retire bientôt tout pouvoir et accentue le caractère répressif du régime. Lors de la première guerre mondiale, Nicolas engage la Russie auprès des Alliés contre la Prusse. Rendu responsable par la population des défaites russes, l'armée l'oblige à abdiquer le 15 mars 1917. Fait prisonnier par les bolcheviks, il est exécuté avec toute sa famille à Iekaterinbourg dans la nuit du 16 au 17 juillet 1918.

Avenue Puget

Elle est créée en 1877 lors du lotissement de la Villa du Château (voir notice Alexandre III).

Le sculpteur et peintre Pierre Puget naît le 16 octobre 1620 à Marseille. Orphelin, il est élevé par ses deux frères, tailleurs de pierre et maîtres maçons. Après un apprentissage de cinq ans auprès du sculpteur Jean Roman, il part en Italie où il travaille aux plafonds du palais Barberini à Rome et du palais Pitti à Florence. Installé en Provence à partir de 1653, sa réputation de peintre lui apporte de nombreuses commandes religieuses. Le balcon de l'hôtel de ville de Toulon soutenu par des Atlantes (1657) oriente sa carrière vers la sculpture. Puget œuvre au château du Vaudreuil du marquis de Girardin et au château de Vaux-le-Vicomte, puis séjourne à Gênes de 1663 à 1669. A son retour, il est maître sculpteur de l'arsenal de Marseille durant 10 ans. Il réalise, à partir de 1683, trois sculptures pour Louis XIV dont le *Milon de Crotone*. Puget décède en 1694.

Avenue et place Talma

Le tragédien François-Joseph Talma (1763-1826) devient sociétaire de la Comédie-Française en 1789. Sous la Révolution, il échappe de peu à la guillotine grâce à l'intervention de David. Bonaparte le découvre en juin 1792. Devenu Premier Consul puis empereur, il continuera à l'admirer jusqu'en 1815. Talma participe à la création de 70 pièces. Il poursuit sa carrière sous la Restauration jusqu'à son décès en 1826 à Paris.

Avenue de Verdun

La déviation de la RN 308 est ouverte à la circulation en février 1970. Sur proposition des Associations d'anciens combattants, le conseil municipal lui donne le nom d'avenue de Verdun le 13 février 1970 *« en commémoration des batailles qui se sont déroulées autour de cette ville durant la guerre 1914-1918 »*.

Index

C

D

K

L

M

Bibliographie

Ouvrages généraux

Biographie universelle (Michaud) ancienne et moderne, Paris, chez madame C. Desplaces ; Leipzig, Librairie de F. A. Brockhaus.

Nouvelle biographie générale depuis les temps les plus reculés jusqu'à nos jours, sous la dir. de M. le docteur Hoefer, Ed. Firmin Didot Frères, 1859.

Dictionnaire de biographie française, M. Prevost, Roman d'Amat, H. Tribout de Morembert, Librairie Letouzey et Ané.

Dictionnaire universel des contemporains contenant toutes les personnes notables, G. Vapereau, Paris, Librairie Hachette et Cie, 1880.

Petit Robert des noms propres, 1994.

Encyclopaedia Universalis, 1995.

Encyclopédie Microsoft Encarta, 1997.

Ouvrages sur la commune

Maisons-Laffitte depuis ses origines, Pierre Dhers, édité par l'office du tourisme-syndicat d'initiative de Maisons-Laffitte et ses environs et la mairie de Maisons-Laffitte, 1989.

Le marquisat de Maisons en 1777, procès-verbal de visite, A.-N. Dauphin et S.-J. Duboisterf, publié sous les auspices de la Société des amis du château de Maisons, Pierre-Yves Louis, 1981.

« Maisons-Laffitte, parc, paysage et villégiature, 1630-1930 », Sophie Cueille, *Cahier du Patrimoine* n° 53, édité par l'Association pour le patrimoine de l'Ile-de-France.

Articles de périodiques

« Un peu d'histoire locale », *la Liberté de Seine-et-Oise*, 19 septembre 1924, T.-G. de Niovres.

« Un peu d'histoire locale », *la Liberté de Seine-et-Oise*, 26 septembre 1924 (fin), T.-G. de Niovres.

« Le nom de nos rues », *Bulletin municipal de Maisons-Laffitte*, décembre 1972, André Duclos.

« Le nom de nos rues » (suite), *Bulletin municipal de Maisons-Laffitte*, octobre 1973, André Duclos.

« Vos élus répondent - Le nom des rues », *Bulletin municipal de Maisons-Laffitte*, Noël 1973, Jean Tachoires.

« Les anciennes mairies de Maisons », *Maisons-Laffitte Magazine*, n° 10, septembre 1991, Pierre Dhers.

« Le moulin de Maisons », *Maisons-Laffitte Magazine*, n° 11, décembre 1991, Antoinette Campion.

« Maisons-Laffitte de l'Occupation à la Libération », *Maisons-Laffitte Magazine*, n° 22, décembre 1994, Jacques Barreau.
« Le lion et la panthère », *Maisons-Laffitte Magazine*, n° 22, décembre 1994, Bernard Deshayes.
« A Maisons, il y a des vignerons… », *Maisons-Laffitte Magazine*, n° 25, octobre 1995, Jacques Barreau.
« Hommage à Barry Lynham », plaquette du 40e anniversaire de l'Association des amis de Newmarket.
« Long'Œil sur l'avenue Longueil », Jacques Barreau, et « Chronique d'un temps dépassé », Bernard Deshayes, *Maisons-Laffitte Magazine*, n° 31, décembre 1997.
« La vie des Mansonniens durant la Grande Guerre », *Maisons-Laffitte Magazine*, n° 34, septembre 1998, Jacques Barreau.
« Un peu d'histoire - Le nom des rues de notre canton », Jacques Barreau, *Maisons-Mesnil. Aujourd'hui… Demain Le journal de votre conseiller général*, n° 6, octobre 1998 ; n° 7, avril 1999 ; n° 8, janvier 2000 ; n° 9, décembre 2002.
« Le retour de l'Empereur », Jacques Barreau, *le Courrier du Parc*, n° 58, juin 1999.
« Le bicentenaire de l'Ordre de la Légion d'honneur », Jacques Barreau, *Vivre à Maisons-Laffitte*, n° 8, septembre 2002.
« La renarde et les renardeaux », Jacques Barreau, *Vivre à Maisons-Laffitte*, n° 14, mars 2003.

Délibérations du conseil municipal, recueils de 1828 à 1955.

Remerciements

L'auteur tient à remercier tout particulièrement Danièle, son épouse, sans l'aide de laquelle cet ouvrage n'aurait pas pu voir le jour, Raymond Bizot qui lui a fourni des cartes postales inédites, Bernard Deshayes qui partage la même passion que lui pour Maisons-Laffitte, Pierre-Yves Louis qui, par ses recherches, a renouvelé il y a vingt ans la connaissance de l'histoire de notre ville.